年収1億稼ぐ

人生戦略ガイド

午堂 登紀雄

はじめに――たった一人、世間に放り出されても「稼ぐことのできる力」とは？

面白い時代になってきたと思いませんか。

格差社会と言われますが、裏を返せば努力した人が報われるようになってきたということです。

飽和社会と言われますが、それは、モノよりも心の豊かさが重視される社会になってきたということです。それは、製品を作れなくても、心理的な豊かさを提供できれば成功できるチャンスがあるということです。

価値観が多様化していると言われますが、それはニッチなマーケットでも必ず顧客がいるということです。それは、企業規模や資本力の大小とは関係なくビジネスが成り立つ可能性があるということです。

ブランドの時代と言われますが、それは個人にも当てはまります。パーソナルブランド、つまり自分自身をブランド化することによって、より有利に生き抜いていくことが可能であるということです。

世の中はますます、努力と工夫をする個人の成功を後押ししてくれるようになってきています。

僕は前著『33歳で資産3億円をつくった私の方法』(三笠書房刊)の中で、自由を得るツールとしてのお金の重要性を、主に不動産、金融、起業という三要素に焦点を当てて、投資という視点から書きました。

しかし、前著ではテーマの一貫性を考慮し、あえて採用しなかった項目があります。

その項目こそ、無限大のリターンを生む投資対象である、**「自分への投資」**なのです。

多くの人が、収入を増やし、安定した経済基盤を作りたいと考えています。それを実現する手段としてのビジネススクールや資格の専門学校は大はやりですし、株式投資や不動産投資など、資産運用のセミナーも大盛況です。

しかし本当の安定というものは、正社員として就職することや、昇進すること、多額の蓄財をすることで得られるわけではありません。高給取りの外資系企業の社員でも、明日はどうなるかわかりませんし、お金持ちの中には資産の目減りを恐れている人も大勢います。

結局、最後に頼りになるのは、「家もお金も仕事もなくし、たった一人で世間に放り出されても、稼ぐことができる能力」ではないでしょうか。

なぜなら、その能力がなければ、所詮、誰かに傘を貸してもらわなければ生きていけない、脆弱《ぜいじゃく》な存在にすぎないからです。

僕はかつて、ニート状態だったことがあります。大学時代、期待と現実のギャップから「大学はつまらない」とキャンパスにも行かなくなり、授業料を滞納して除籍寸前になりました。「他の人と同じようなことはしたくない」と、意味もなく就職活動から遠ざかり、大学を卒業したものの、職もなく何カ月もふらふらしていました。

四万円のアパート代の支払いや電気・ガス・水道料金の支払いはありましたから、その最低限のお金のために、夕方の数時間だけはアルバイトをしていたので、いわゆるニートというよりもフリーターに近いかもしれません。とはいえ、バイト以外は自分の部屋の中に引きこもり、暗い生活を送っていました。

そんな僕でも曲がりなりにも立ち直って就職し、日商簿記一級や米国公認会計士の資格を取得しました。コンビニ本部に転職してからは優秀社員賞を受賞するほど活躍しました。その後は外資戦略系コンサルティングファームに移り、三十二歳で年収も千二百万円を超えるようになりました。その頃から始めた不動産投資と株式投資で、わずか一年で三億円の財を成し、その経験を活かして独立起業しました。

今や未公開株の情報も数多く入り、IPO株も抽選なしで手に入れられるようになりました。数社の役員を歴任し、今また外部の企業と合弁で、新会社を立ち上げました。

こうしたキャリアの変遷を経験しながら、働くことに対する僕自身の価値観や考え方も変わっていきました。

本書は、僕自身がニートだった頃の迷い、コンビニ本部や外資戦略系コンサルティングファームで会社員として生き残ってきた経験、現在の会社を経営する経営者としての経験、そしてその中で出会ったスーパービジネスパーソンや経営者の方々との交流を通じて得た教訓をベースに、いかに「自分のブランドを構築」し、「幸せなキャリア形成」をしていくかを、僕なりの視点で述べたものです。

▼章末の「書き込み式ノート」の使い方について

本書の人生戦略①~⑦までのそれぞれの章末には、その章のトピックスに対応した「書き込み式ノート」がついています。

この本を読んで、「なるほど、そういう考え方もあるのか」で終わらせるのではなく、気づきや決意などを書き留めるようにしてみてください。また、Q1~Q3の問いも、自分なりに考えて書き込んでみてください。頭の中で考えるのと実際に書き出してみるのとでは、思考の深まりや明確さ、そしてモチベーションの高まりも段違いだということがわかるでしょう。

そして、書き込んだことをベースに、ぜひあなただけの「人生戦略」を作り実践していってください。そうすれば、戦略的なキャリアメイクにプラスして、「縁」や「運」を引き込み、「幸運な偶然」をもたぐり寄せられる人材になるでしょう。

目　次

目次

《人生戦略①》稼ぐ人の「頭の使い方」をマスターする

今の世の中は、「付加価値を生み出す」ことに意識をフォーカスできる人、しつこく深く考え抜く「知的体力」のある人、どこでも通用するスキルや能力を磨き続けている人……こんな努力と工夫を惜しまない個人に、成功への追い風が吹いています。

そして、「物事の本質」を見極め、実践し続けられる力を養っている人は、金銭的にも、また精神的にも自由で豊かな人生をほしいままにしています。

1 「努力の方向性」を間違えるな

これからの時代のルールは、

「がんばった人は報われる」

「そうでない人はそれなり」

というシンプルなものです。

まずは、僕たちは好むと好まざるとにかかわらず、このルールの下で生きている、ということを認識しなくてはなりません。

今は格差社会と言われ、特に「所得格差」の問題が人々の関心事となっているようです。お金に関する特集を組むと、雑誌の売上がかなり伸びると、取材に訪れた出版社の方が話していました。

では、所得格差の原因はいったい何でしょうか?

それは、**「思考格差」が拡大している**ことだと僕は考えています。つまり、頭を使って仕事をする人と、頭を使わずに仕事をする人の差が大きくなっているのです。考えながら仕事をするという、当たり前のことをしているか、いないか。そこからもたらされる経済格差が、ヒト・モノ・カネ・情報がボーダレスに流通している現代、ものすごいスピードで広がっているのだと思います。

思考格差の原因である「考える」とはどういうことかについては後ほど触れるとして、冒頭の「がんばった人は報われる」というのは、「適切にがんばる」という条件を前提とした言い方です。つまり、「努力の方向性を間違えると、膨大な時間をかけたのに、なかなか成果を出せない」という意味なのです。成果が出なければ、どんなにがんばっても、何もしていないのと同じ、という扱いを受けてしまいかねません。

また、「そうでない人はそれなり」というのは、努力しなくても〝それなり〟の生活はできるけれども、低所得に甘んじるしかないということです。世の中は動いていますから、何もしなければ当然、「下流」に追いやられていきます。


もっとも、誤解してもらいたくないのは、「がんばる」というのは、勝ち残るためとか、同僚を出し抜いて出世するため、などという狭い世界でのことではないということです。そうではなく、「豊かで自分らしい人生にするために、自分自身を高める」という意味だと捉えてください。

他人に勝つことに気を取られると、それが目的になってしまい、自分が本当にやりたいことや目指したいことを見失い、自分自身の成長という視点がおろそかになります。

もちろん競争を否定しているのではありません。健全な競争は発展を生みますから、他者と競うのは悪いことではありません。それにとらわれすぎるのではなく、昨日の自分より今日の自分を成長させることに全力を尽くそうと意識し続ければ、黙っていてもライバルを凌駕《りょうが》できるということです。

2 「稼ぐ人」=「価値」を創り出せる人

今、フリーターが社会問題になっています。このままでは日本の将来を担う人材が育たないとか、だから正規雇用させなくてはいけないなどと騒がれています。

「正社員はフリーターより雇用が安定している」と言われますが、しかし、価値を創り出せない人材は雇用形態に関係なく雇用は不安定です。クビにされないまでも仕事を干され、精神的に追い込まれている不幸な正社員は数多くいます。


僕はかつてコンビニで店長をしたことがあります。そこにはたくさんのパートやアルバイトがいました。

アルバイトであっても、売れ筋商品や死に筋商品、気候や顧客の消費シーン、顧客動線などを観察している人は、社員顔負けの的確な発注をし、見事な売り場を作ることができます。

当然、僕はそうした人たちに長く働いてもらいたいですから、権限を与え、時給も高くし、有給休暇も与えました。本部の社員すらも、そうしたアルバイトの人たちに商品開発の意見を聞きに行くのです。

一見単調に見える仕事でも、どうやったらもっと効率的にできるか、どうやったらもっとお客様に喜んでもらえるか、といった問題意識を持って仕事に取り組んでいる人は、そうでない人に比べたら、わずか数年でたいへんな力量の差がつくということです。

反対に、正社員であっても、自分で仕事を創り出せない人や価値を出せない人は、会社や上司の言いなりです。やりたいことができずストレスがたまります。転勤などで自分の意志とは関係なしに住む場所が変わり、土日も接待に駆り出されます。

目的もなく、ただ生活の糧《かて》を得るためだけに働き、組織の中で浮遊している人は、たとえ正社員であっても幸せな生活にはほど遠くなります。それでも正社員という雇用形態を崇拝する傾向が世の中にはありますが、いったい何を守ろうとしているのでしょうか。

◆二十八歳、年収二千五百万円の契約社員

仕事の内容にもよりますが、今では雇用形態が全く関係ない業種は少なくありません。

例えばウェブサイトの制作者を採用するのであれば、どんなセンスでどんなウェブサイトを作ってきたかが重要であって、アルバイトとして作っていたのか社員として作っていたのかは関係ありません。

営業職であっても必ず実績が問われます。例えばソニー生命の営業マンは、基本はフルコミッションの報酬体系であり、稼ぐ人は年間数億円も稼ぎます。しかし、雇用形態は「会社」対「個人事業主」であって、いわゆる正社員ではありません。彼らが転職する時、「正社員ではなかったから」と問題にする人事担当者などいないでしょう。

僕の友人で、外資系金融機関をアナリストとして渡り歩いている人がいますが、彼女は二十八歳にして年収二千五百万円を超え、都内の高級賃貸マンションで暮らし

ています。

でも彼女が正社員だったのは、新卒で就職した銀行での一年半だけ。後はずっと契約社員です。その方が自由だから、ということですが、彼女が会社を辞めようとすると、すぐに複数の会社からオファーが来るのだそうです。


雇用の形態については、正規と非正規、どちらがいいとか悪いとかいうことではありませんが、自分の能力を高め、チャンスを広げられるかどうかに意識をフォーカスしていれば、キャリアの選択肢は確実に広がります。正社員か否かにこだわるのではなく、自分が何をして社会に貢献するのかにこだわれば、お金も安定も自ずとやってきます。

どういう問題意識を持ち、どういう取り組みをして、どういう実績を出してきたか——そういう思考特性や行動特性は、もはや雇用形態では計れません。

3　効率的・戦略的に自分を「成長」させるには——

「勝ち組とはどんな人？」と聞かれて「ＩＴビジネスで起業してＩＰＯした人とか、開業医とか、豪邸を建てる人かな〜」などと答えるのは、マスコミ報道に毒された人と言っても過言ではないでしょう。

もしあなたが「負け組になりたくない、勝ち組になりたい」「将来はセレブになりたい」と思っているのであれば、それこそマスコミの作り上げた価値観の中で踊らされている可能性があります。

勝ち組とか負け組といった言葉は、収入の多寡《たか》や肩書きという、他の誰かと比較したものにすぎず、あなた自身の価値観や幸福度は全く反映されていないはずです。

自分自身の生き方が反映されていない言葉を、人はテレビで見たり雑誌で読んだりしただけで、なぜそうも無批判に受け入れてしまうのでしょうか。

「勝ち組になりたい」と勝ち組を目指すこと自体は悪いことではないし、それを自分の成長へのモチベーションにして行動する時期があってもよいと思います。利用できるなら、あらゆる欲望や動機を自分の燃料にすべきだと思います。

でも、本当に賢い人間というのは、他人の言うことに簡単に自分を預けないものです。つまり、人の評判や流行などは、さほど当てにしない。そういうものに振り回されるのではなく、自分自身の価値判断基準を持ち、自分の価値観を大切にして生きようとします。

例えば僕の理想の生き方は、「ストレスフリーの自由人になる」ということです。

ストレスフリーというのは、「多くの人々に感謝され、常にさわやかな気持ちでいられる」ということ。自由人というのは、世の中や他人に自分の行動を制限されず、常に複数の選択肢の中から選べる、ということ。

この基準に照らせば、僕が目指すものは世の中で勝ち組とされている人たちとは一線を画しています。

しかし、「ストレスフリーの自由人」を手に入れるためには、それに至るまでに相応の努力を要するだろうことは、僕自身よくわかっているつもりです。たとえて言うなら「水車の法則」とでも言うのでしょうか。

「水車の法則」とは、経営コンサルタント時代、僕の上司がクライアントに「企業変革の考え方」として説明したものです。止まっている水車を動かすには、最初は大量の水か大きな水圧が必要ですが、水車が回り始めたら慣性が働き、少ない力でも回転させ続けることができるというものです。

すなわち何かを変える時には、必ず摩擦が発生してたいへんな負荷がかかる。順調に回り出すためには、回り出すまでが最も大変で、途中であきらめずに、やり続けることが必要だ、ということです。

4 「情報・人材」をいかにオーガナイズするか

一台一千万円以上する高級スポーツカーが飛ぶように売れているそうですが、近年、三十代の顧客が増えているのがその理由だそうです。

昼間の渋谷や表参道を歩くと、一見フリーターのような風貌の若者が、カフェで何か打ち合わせしている光景をよく目にします。都心の超高級ホテルのラウンジにも、茶髪に無精ひげで、およそ定職に就いていなさそうな雰囲気の人たちが、昼間から出没しています。飛行機のビジネスクラスやファーストクラスに乗っている客の中にも、ジーパン姿の若者を頻繁に見かけます。

この人たちは、いったい何なのでしょうか。

実は彼らこそ、若くして時間と年収数千万円というお金の両方を手に入れ、自分の好きなことを好きなようにしている人々なのです。もちろん仕事をしていないわけではなく、猛烈に働いています。しかし、働いている時間は、一日ほんの数時間だったりします。

情報化時代は、すでに第二ステージに突入しています。かつての第一ステージでは、情報をたくさん持っている人が主導権を握り、富を集めてきました。しかし第二ステージでは、情報はネット上に瞬時に無料で流されるため、それ自体の価値は相対的に低くなっています。

そのため、世界中の情報を豊かな感性で組み合わせて新しい価値を創造し、大企業に売り込めるような人に主導権が移ってきたのです。

彼らは、世界中に点在している人材・情報をコーディネートし、オーガナイズし、顧客が驚くような、今までにない新しい価値を提供しています。彼らの多くは携帯電話とパソコンだけで仕事をしていますが、頭脳とちょっとした道具があれば、容易に価値を生み出せるのだ、ということを示しています。今やインディペンデントなプロフェッショナルが、自分の腕だけで大企業の経営者よりも高い収入を得ています。

こうしたプロフェッショナルたちに共通しているのは、自分自身のＷＷＷ（ワールドワイドウェブ）を持っていること。このＷＷＷとは、もちろんインターネットのことではなく、人的ネットワークのことです。クモの巣状の人的ネットワークを張り巡らせ、彼らと彼らの持っている情報を組み合わせ、価値を創り出している。

個人やＳＯＨＯや零細ベンチャー発のビジネスに大企業の仕事が奪われ、結果として一般サラリーマンの仕事がなくなってしまうということは日常茶飯事です。

ですから、社内だけではなく社外にも目を向け、積極的にネットワーク作りを仕掛けていく必要があります。そしてその先には、自分の会社の同僚や上司だけを見ていては、決して目にすることのない世界が待っています。

5 〝結果〟よりも「プロセス」に着目する訓練を

一度泳ぎ方を覚えた人は、世界中の海や湖で泳ぐことができます。それは体の動かし方を知っているからです。仕事でも、「頭の使い方」を知っていれば、商品や顧客が変化しても対応でき、分野や業界が違っても成功を再現できます。

仕事でいう体の動かし方とは、従事している業務の意味合いを考え、「プロセス」の一つひとつが、顧客にとってどういう価値があるのかを常に問い続けられる、ということです。


例えば、営業職で高い実績を評価されて転職してきたけれど、商品も顧客も変わるとたんに成果を出せなくなる人がいます。ヒット商品を連発した実績で幹部プロデューサーとして転職したけれど、経験のない分野で土地勘が働かず、全く芽が出ない人がいます。

こういう人は、結果のみに気をとられ、プロセスを重視していない傾向があります。「売れればいい」「数字をあげられればいい」と結果だけを追っていると、過去のやり方や一度成功した方法にこだわってしまって応用が利きません。つまり、成功を再現できないのです。

「プロジェクトは大成功だ！　バンザーイ！」とうまくいった時は、多くの人がプロセスの検証を怠りがちです。そうすると、物事の因果関係を理解できていないので、後になってもその時の成功体験にこだわってしまうのです。

ラッキーショットは決して何度も出るものではありません。プロセスを検証し、因果関係を洞察しようとしないと〝一発屋〟で終わるのです。

◆なぜスティーブ・ジョブズは〝連戦連勝〟できたのか

アップルコンピュータを創業した故・スティーブ・ジョブズ氏は、一九八五年にアップルを辞めた後、ピクサー社というアニメーションスタジオを創業し、またもや大成功しました(二〇〇〇年にはアップルのCEOに復帰)。彼は成功のプロセスが理解できていたので、何回でも「成功を再現」できたのです。

今やっているこの作業はどういう意味があるのか、もっと効率・効果を高められる方法はないだろうか、顧客のニーズや行動パターンの変化、環境の変化とどういう因果関係でこういう結果になったのか、という問題意識を持ちながら仕事をすれば、環境や条件が変わっても成果を出せるようになります。

◆なぜ自分の仕事を「マニュアル化」しておくべきなのか

中途採用面接などで、僕はよく、過去の仕事での成功体験とその理由を聞くようにしています。失敗を検証することも大切ですが、自分がなぜ今の仕事をうまくこなせているのか、あるいはかつて成功した仕事はなぜうまくいったのかという理由を人に説明できることは重要です。

仕事を教える際も、プロセスの意味を理解しておかなければ、「コツ」を伝えることができず、手順のみを説明して終わりです。そうすると、状況が変わった時、後任の担当者や新入社員はうまく応用できずにあわててしまいます。

自分の仕事をマニュアルにしたり、指導する側に回ったりするのは、慣れて流してしまっている仕事の「コツ」を再認識させるのに役立つというわけです。多くの一流ビジネスパーソンが、「自分の仕事をマニュアルにせよ」「若手社員に新入社員の指導をさせることが、結果として若手社員の育成にもつながる」と言うのもうなずけます。

6　これまでの「仕事の常識」を捨てる

「経費削減のため、営業マンはタクシーの使用を禁ずる」という通達が会社から出たら、あなたはどうするでしょうか？

「移動に時間がかかって訪問先の数を減らさざるを得ない。仕事が減ってラッキー」という人は問題外です。「現場のことを何もわかっていない」と不平不満を言いながら、訪問件数を維持しようとがんばって残業時間が増えてしまうというのも、思考停止状態の典型です。

かといって、もし会社からの指示をそのまま実行すると、電車の乗り継ぎが悪い訪問先では時間のロスが増え、訪問件数が減ってしまいます。結果的には売上の減少を招き、本末転倒です。

時間をロスするのはもったいないので、利益面を考え、時と場合によっては自腹でタクシーを使うこともあり、と考える人はまずまずです。この人は「利益」という視点があり、自分が働く時間の価値とコストを比較勘案できる人です。

沿線別に訪問順序を組み替え、効率よく訪問できるように工夫しようという人もグッドです。制約条件の中で、いかに課題を解決するかを必死に考えている人です。

ノートパソコンの導入により、雑務を電車内でも処理できるようにする、時間を効率的に使うため直行直帰のスタイルを実験的にやらせてもらう、というアイデアを上司に提案できる人はさらにグッドです。制約条件そのものをゼロベースで見直すことができる人だからです。

◆時間と労働力を〝切り売り〟するな

本当のホワイトカラーとは、自ら課題を設定して、自分の頭で考えて問題解決をし、価値が出せる人のことです。

今日一日の仕事を思い出してみて、脳みそがよじれるくらい、考えに考え抜いた仕事というのは全体の何割でしょうか。

多くの人は、日々の仕事の中で「作業」に膨大な時間を費やしています。単なる確認のためのメールの返事、文書の体裁を整えてプリントアウトの繰り返し、資料のコピー、集計作業、入力や書類への記入、用件を伝えるだけの電話、そして結論の出ないミーティングやセレモニーと化した会議……。

パソコンやネット環境が整備され、生産性が上がっていると思いがちですが、僕たちの仕事は相変わらず雑事に追われ、考える時間は増えていないのではないでしょうか(ペーパーレス化と言われながら、なぜか紙は増えていますし)。

ホワイトカラーの多くは作業員と化し、ネクタイをしてスーツを着ている肉体労働者のようなものです。

安さで勝負すれば安さで負けるように、時間と労働力を切り売りしていては、賃金の安い労働力に確実に負けてしまいます。

7 スキル・知識だけでは「プロフェッショナル」になれない

どんなビジネスであれ、組織で仕事をすれば、ヒト・モノ・カネ・時間・情報の制約は必ず存在します。

もちろん制約条件を外して考えるゼロベース思考が重要なのは言うまでもありませんが、時と場合と仕事の内容によります。

日々のビジネスで重要なのは、その**制約条件の中でいかに目的を達成するかという「打開策」を考えること**です。

「足りない時間をカバーするために、他の部署に応援を頼むか、外注を使うか」

「足りない予算を補うために、外注しないで自社でやるか、他社とジョイントでやるか」

「問題の発生は不可避なため、あらかじめどのような対応策を講じておくか」

「値引かないために付加機能を追加するか、あるいはアフターフォローをサービスするか」

「できない」「無理」「しょうがない」「そんなもんだ」。そう思った瞬間に僕たちの思考は停止しますから、そこであきらめないで、さらに打開策を考える。そこが、本当に「問題解決型の思考力」を持つ人と持たない人との分かれ道です。

そして、そうした思考停止型のホワイトカラーから脱却する意味で、「プロフェッショナルになろう」と言われるようになってきました。

プロフェッショナルとは、高い倫理観、責任感、達成意欲という主義や思想を備えていることであり、そこからもたらされる能力や成果が行動として表に出ていること、つまり、思考特性と行動特性のことを言うのだというのが最近の見方です。

ですから、単にスキルの高さや知識の豊富さだけを表すものでも、お金をもらっているかどうかで分けるものでもありません。

スポーツの世界はプロとアマチュアという分け方がありますが、この定義に照らせば、プロスポーツ選手でもプロフェッショナルでない人はいますし、アマチュアでもプロフェッショナルは存在することになります。

起業家や経営者はもちろん、サラリーマンであっても、プロであろうとしなければ成長はありません。

上司の言うことに「おっしゃる通りです」などと言って隷属するのでもなく、かといって「オレは会社のヤツらとは違う」と距離を置くような割り切った関係でもない。

会社の依頼を受け、顧客のため、チームのために全力を尽くしながら、冷静に自分を磨くというミッションを果たす、**「自律した誇り高き仕事人」こそがプロフェッショナル**なのです。

8　自分の仕事の「付加価値」を常に意識する

会社員、いわゆるホワイトカラーでも階層化が進んでいます。ホワイトカラーの中でも、自分の頭で考え、創造する人は、自由という切符を手に入れています。彼らはゴールドカラーとでも言うのでしょうか。

そして、その他大勢のホワイトカラーは、彼らの創造したことを効率よく作業する人と言えるでしょう。

単なる作業であれば標準化が可能です。コンピュータなどのシステムに置き換えた方がよいですし、より低賃金でやってくれる人の方がよい、ということになります。そうすると、ホワイトカラーこそ、今の自分の働き方を見直さなければ、明日の自分の仕事がなくなるというリスクにさらされてしまうのではないでしょうか。

実際、専門的職業やプロフェッショナル業務と言われる法務も税務も、安価な業務ソフトウエアにとって代わられつつあります。帳簿処理、決算支援などという従来型の仕事をしている人は、価格競争に飲み込まれていきます。

専門性が高いと考えられている仕事ですらそういう状況ですから、会社内で仕事をしている人も、常に外部のアウトソーサーとの競合にさらされているということです。

いつ彼らにとって代わられ、自分の仕事がなくならないとも限らない。前述の〝インディペンデントに活躍する個人〟の下請けを、大企業で働くあなたがやることになるかもしれません。

だからこそ、雇われ人根性を捨て、**自分の仕事が社外の専門企業より付加価値が高いかどうかを常に意識する**必要があるのです。

情報の多くはネット上に流通しています。どんな専門用語であっても、ネットで検索すれば何かしらの答えが出てきます。

信憑性はともかくとして、ユーザーが自由に質問や回答ができるQ＆Aサイトも花盛りです。ちょっとした疑問であれば、ネット上で質問を投げかければ誰かが答えてくれて、すぐに解消します。検索すれば、ほとんどのことは無料ですぐに調べられます。この動きが止まることはありません。

まだネット上に流通していない知識の多くも、いずれネット上にタダで流通し、その情報の信頼性を高める仕組みも出現するでしょう。そうすると、知識そのものの価値は限りなくゼロになるということです。

こうした動きを意識しないで「自分は高度な知的職業に就いているから関係ない」と考えるのは、極めてリスクが高いと言えるのではないでしょうか。

9 〝持ち運びできるスキル〟を持て

日本のＩＴの世界にも、インドで教育を受けた人たちが大勢押し寄せています。世界中で飲食ビジネスを成功させているのは、ほとんどが中国人です。

昨年、僕がアメリカを訪れた時、とても気候がすばらしい南カリフォルニアの沿岸を車で通りました。

太陽に照らされて輝く太平洋を一望にできる斜面には、二億円、三億円はもちろん、十億円もするような豪邸がたくさんありました。どんな人が住んでいるのかと現地の不動産エージェントに聞いたところ、成功した中国人や韓国人とのことでした(その一角には松田聖子さんも住んでいたとか)。

僕の知り合いにも、外資系ファンドの日本法人でバイスプレジデントにヘッドハントされた人がいますが、彼は年収二億円という高給取りです。しかも、まだ三十代という若さにもかかわらず。

前職の戦略系コンサルティングファームで働いていた同僚のほとんどは、起業家になるかベンチャー企業やグローバル企業の役員クラスに迎えられて活躍しています。

仕事の付加価値が高く、スキルや意欲のポータビリティ（持ち運びできる、つまりどこでも通用する）があれば、自分を高く買ってくれる会社はいくらでも見つかるのです。

そんな彼らは、転職情報誌をめくって履歴書を送り面接を受ける、というようなことをしていません。

というより、そんな必要はないのです。「そろそろ仕事のフィールドを他へ移そうかな」と考え、数人にポロッと話すだけで、「ウチに来ないか」「あなたみたいな人を必要としている会社があるんだ。紹介させてよ」となります。しかも、もちろん待遇はトップクラス。

移った先でも「君の自由にしていいから立て直してほしい」「予算は五億あるから何か新事業を起《た》ち上げてくれ」となります。サラリーマンであっても、自由この上ない状態です。

そうした海を越えても自由な環境を得られる人は、サラリーマンかどうかという雇用形態に関係なく、自由に活動でき、好きな仕事ができるのです。

10 〝トガッた能力〟が今の自分にあるか

そんな人材になるためには、他人とは異なる何か〝トガッた能力〟が必要です。他者と差別化する上で最もわかりやすいのは、やはり「一芸に秀でる」ということでしょう。

しかし、言うのは簡単でも、一芸に秀でるのは至難の業《わざ》です。

金融に詳しい人、ITに詳しい人、英語がバリバリできる人、というふうに、単発のスキルに秀でた人は数多くいます。そんな人たちと張り合おうとしても、例えば英語なら帰国子女にはかなわないですし、上には上がいて、きりがありません。

では、オンリーワンを目指すのはどうでしょうか。オンリーワンの分野であれば、自分がその世界の第一人者ですので、即ちナンバーワンです。

とは言っても、誰も手をつけていない分野がそうそう転がっているはずもなく、今までやってきたことをすべて捨ててそちらに賭けるというのも、自分の年齢を考えれば現実感がない場合もあるでしょう。

しかし、複数の得意分野を組み合わせることによって、他の人との差別化を図ることができます。例えば、金融とITがそこそこわかり英語もそこそこできる、となるとどうでしょうか。たちまち活躍できる範囲が広がり、あちこちからお声がかかる確率が高くなります。英語力では帰国子女にかなわなくても、金融とITのスキルもある、なんて人はなかなかいません。

仮に専門分野が三十種類あるとすると、その二種類の組み合わせは四百三十五通りあることになりますし、三種類の組み合わせでは四千六十通りになります。確率論から言えば、多少は他の人とかぶったとしても、四百人に一人、四千人に一人の逸材になることができるわけです。

英語が得意なら、法律とテクノロジーをマスターすることで、得意な英語がますます生きてきます。営業が得意なら、マーケティングとファイナンスをマスターすることで、得意な営業がますます生きてくるというわけです。

11 〝得意分野の掛け合わせ〟でオンリーワンを目指す

このように、複数の得意分野を掛け合わせることで、その人にしかできないオンリーワンが形成されるのです。

英語しかできなければ、通訳としては使えても、難しい交渉やマネジメントを任せることはできません。

ITしかわからなければ、海外の技術者との共同開発に携わるチャンスは巡ってきません。

そこで、複数分野を追究し、それらを組み合わせることによって、より高度な価値を提供できる人材になるのです。

少し前の日経新聞にも、「今後、外資系法律事務所だけでなく、日本の銀行、証券もM&Aを扱う若手弁護士を増やすだろう。海外で実務経験のある三十歳前後の弁護士の奪い合いになる」とありました。

核となる分野を持ち、プラス二番目のウリとなるスキルなり得意分野を持てば、引く手あまたということです。

こうしたキャリアの磨き方は、従来のスペシャリストのそれでもゼネラリストのそれでもありません。

複数のスペシャリティ領域を持ちながら、全体を俯《ふ》瞰《かん》しマネジメントもできる、マルチな知性やタレントを持つ。

あえて言うなら**「マルチプル・インテリジェンス」**でしょうか。

「マルチプル・インテリジェンス」を持つことによって、オンリーワンとしての自分ブランドを構築することが、より容易になるのです。

じゃあ、具体的にどうすりゃいいの？　と思いますよね。

それをこれからじっくりお話ししたいと思います。

Chapter 1

稼ぐ人の「人生戦略」ノート

Q.1

あなたが周囲の人に約束できる「自分の品質」とは何ですか？ 10個書き出してください

例）依頼された仕事はすべて引き受ける

◆

◆

◆

◆

◆

◆

◆

◆

◆

◆

Q.2

あなたが目指す「マルチプル・インテリジェンス」を3つ書き出してください。

例）マーケティング力×プレゼンテーション力×英語力

……………力×……………力×……………力

Q.3

あなたが習慣にしたい「思考パターン」を10個書き出してください

例）他人の意見は否定しない

◆
◆
◆
◆
◆
◆
◆
◆
◆
◆

《人生戦略②》「アウトプット勉強法」で差をつける

誰もが経済的に安定した生活を送れることを願っていると思います。誰からも指図されないで、自由に生きたいと考えている人も多いでしょう。

安定とは何か。多くの人たちが定義する安定の一つに、「一定以上の収入が途絶えないこと」があると思います。

お金の面に限って言えば、僕は、**「安定とは、たった一人で放り出されても、ゼロから三年で一億円稼げる人になること」**と周囲の人によく言っています。

ゼロから三年で一億円稼ぐ……こうなるためには、変化に対応できる人材ではなく、**変化を創り出せる人材**、もしくは**変化に翻弄されない能力を持った人材**になる必要があります。

例えば「会社を辞めると言ったら、社長から直接引きとめられる」「会社を辞めても履歴書を書かないで転職できる」「フリーになると言ったとたん、仕事がくる」という人材になることです。

次に、自由とは何か。無人島で億万長者になっても何の意味もないように、僕たちは社会の一員として他者と関わっているからこそ、生きる意味があると言えます。だからこそ、他者を省みない人は不幸になるし、自己中心的に生きる人は周囲から疎まれ、本当の意味での自由を得ることはできません。

民主主義社会での本当の自由とは、「選択肢を数多く持ち、選べること」と「ルールを自分で作ることができること」と言い換えることもできるでしょう。

「ルールを自分で作ることができる」とは、起業家を想像するとわかりやすいでしょう。

創業社長なら、出勤時刻も退社時刻も、給与体系もすべて自分で決めることができ、誰にも指図されることはありません(もちろん労働基準法は遵守しなければならないですし、よい人材を集めるには相応に魅力的な体制が必要ですが)。

書類の雛形も、指揮命令系統も、営業プロセスも、従業員は従わなくてはなりませんが、社長なら全部自分で決めることができます。

では、選択肢を数多く持って選べたり、自分がルールを作る側に回ったりするためにはどうすればよいかというと、それが**「勉強する」**ことだと僕は考えています。

1　勉強しない人は、人生で〝大損〟している！

僕だって勉強は好きかと聞かれると、「う〜ん」となってしまいます。それでも僕が勉強する理由は、「やりたくないことをやらないで済ませ、やりたいことだけをやりたいから」です。

知識や知恵がなければ、やりたくないこともやらなくてはなりませんが、勉強することで、どうやったらやらなくても済むか、その方法を導き出すことができます。

そもそも**「知っている」だけで大きく差がつく**こともあります。

例えばカラダによい食品を知っていれば、それを摂取して健康面でアドバンテージを得られます。補助金制度や税制を知っていれば、それを活用して金銭面でアドバンテージを得られます。国や地方自治体には、申請すれば恩恵を得られる助成金制度や控除制度もたくさんあります。

しかし、誰も「こんな制度があるから利用してはどうですか」なんて親切に教えてはくれません。

そもそも知っているかどうかで大きな差がつく……。ここにも、僕たちが勉強しなければならない理由があるのではないでしょうか。

◆世の中の仕組みは〝賢い人〟〝お金持ち〟によって作られている！

世の中の仕組みというのは、基本的に賢い人、もしくはお金持ちによって作られています。僕がそれを痛感したのは、独立して不動産投資コンサルティングのビジネスをスタートし、世界各国の不動産事情を調査した時です。

収益不動産を所有する時、金融機関がお金を貸してくれる。所有すれば安定した家賃収入が入ってくる。大きな節税効果があるし相続税対策にもなる。保有物件に担保余力があれば、それを担保に融資を受け、さらに追加で物件を取得できる。処分する時に売却益が発生しても、買い替えによって節税（正確には繰り延べ）を図れる。

こうした特長は各国ともほぼ共通で、不動産によって短期間にキャッシュフローを増やすことでき、資産がさらに資産を生むというサイクルを作りやすいのです。そして、こうした不動産にからむ制度を作っているのは、不動産を持つ政治家や、政治家への影響力を持つ資産家からのプレッシャーです。そして、政治家の指示を受けて官僚が詳細に制度を作り、ひっそりと告示されます。

前述したように、この世のルールは賢い人たちが作っているわけです。**勉強しないのは、確かに今はラクかもしれませんが、結局は賢い人たちに搾取され続け、人生全体で見たら大損**という結果が待ち受けています。

「プロとは、生涯学び続けなければならないことを知っている人のこと」という言葉を聞いたことがありますが、ビジネスであろうとプライベートであろうと、幸せな人生を自分の意思で制するためには、常に勉強が必要だということです。

自分への投資が最大のリターンを生むということは冒頭でも述べましたが、少数の非凡な人たちは、今なお勉強し続けています。なぜなら勉強した方がもっとラクになるし、充実した人生になることを知っているからです。

さて、**社会人で言うところの勉強とは、「より付加価値の高いアウトプットを出せる自分になるための手段」**と僕は解釈しています。受験勉強などのような、誰かが問題を作ってくれ、それに対して唯一の正解を出すというのとは、全く異なります。社会人は「自分自身で問題を作り、正解ではなく最適解を導き出す」という問題解決が求められます。学生時代とは自ずと学習のやり方も異なるのです。

2　「実践で使う」ことを想定した勉強を

多くのビジネスパーソンは自分を磨くために日々何らかの勉強をしていると思います。マーケティング、組織論、リーダーシップ、論理的思考力、ファイナンス、語学……。

ビジネスパーソンは忙しい。だからこそ、「学んだことが右から左へ流れていって、無駄な時間だった」という状況になるのは避けたいものです。学んだことは必ず自分の血肉にしたいものです。

そのための大切なポイントは、**アウトプットを意識した勉強をする**、ということです。つまり、あらかじめ実践で使うことを意識して勉強するのです。逆に言うと、あなたのアウトプットや行動が変化してこそ、本当に勉強したと言うことができるのです。

◆知識を〝血肉〟にする最も効果のある学習法

例えば、マーケティングを勉強する時には、次回以降の企画書にはそこで学んだ切り口を必ず入れるつもりで勉強する。リーダーシップを勉強する時には、明日のミーティングでは必ず学んだことを話すと決めてから勉強する。語学であれば、明日アメリカ本社に電話して、習った表現を使うんだと決めて勉強する。

この表現を使おう、この分析方法を使おう、こういうことを意識して生活してみよう、そう考えながら学ぶことで問題意識が高くなり、効率的に知識をインプットできます。

外部セミナーなどの社外の勉強会に参加したら、習ったことを必ず社内のメンバーにレクチャーするというミッションがあれば効果的です。

何の考えもなしに参加すると、日常業務からの解放感で居眠りし、報告書も適当に……で終わってしまいかねません。

しかし、「戻ったら自分が講師となってみんなに教えなきゃいけない」となったとたんに問題意識は格段に高くなり、居眠りなんてしている場合ではなくなります。緊張感を持って聴くため、頭に入りやすくなります。そして自分の言葉でレクチャーすることで、自分の身につきやすくなります。

学んだことを自分の言葉に変換して教えるのは、知識を血肉にする効果の最も高い学習法の一つです。

「どんなにすばらしい考えを持っていても、外に発信されてこそ価値が認められるのであって、内に秘めているだけでは何も考えていないに等しい」と言われます。

同様に、インプットに終始して外に現れないスキルや能力は、そもそもそんな能力もスキルも持っていないのと同じで、結果的には何も勉強しなかったようなものです。

◆こんな〝速読〟は時間とお金の無駄!?

読書をする時も同じです。小説などを娯楽目的で読む場合や、必要な知識だけを得る情報収集目的で読む場合はともかく、ビジネス書や自己啓発書を読む時は、それが後にあなたの行動を変化させてくれるものでなければ意味がありません。

速読がもてはやされ、ものすごい量の読書をしている人もいますが、「自分の思考を変え、行動を変える」という読み方をしなければ、単なる時間とお金の浪費になってしまいます。

気づきや知識を得て、自分の思考や価値観が変わり、行動が変わる。そうなることがビジネスパーソンにとっての本当の勉強です。

3　英語をマスターすべき「これだけの理由」

英語が世界共通語なのは疑いようのない事実です。そして自分の可能性を広げるためには、英語力を高めることも重要な要素の一つであるということも、もはや疑いようはありません。

また、ビジネスがボーダレスになっているというのも、英語力を高めなければならない理由の一つだと誰もが認めるところでしょう。

例えば、今や国際間でのM&A案件が非常に増えて、英語ができる弁護士や会計士は引く手あまたです。英語ができる弁理士は、知的財産権ビジネスで大儲けしています。

もちろん、こういった専門資格業だけではありません。一般ビジネスパーソンでも、英語ができれば海外との取引など活躍の幅は間違いなく広がりますし、日本企業だけでなく外資系企業への転職にも門戸が開かれます。

　僕が以前お世話になったエグゼクティブサーチのヘッドハンター氏はこうぼやいていました。

「外資系企業からの求人は本当に多いんだ。四十代で課長、五十代で部長なんて日本企業のような悠長なキャリアではなく、二十代でマネジャー、三十代で社長というキャリアが歩める大きなチャンスがいくらでも転がっている。

　でも日本企業で働く優秀な人材の多くは、英語ができないんだよ。本社とのやりとりは英語だし面接も英語だから、いくら能力や実績がすばらしくても、英語ができないから紹介できないんだ。

　英語ができないというだけで、みすみす目の前のチャンスをフイにしている（もちろん私も仕事にならない）。今どき英語くらいマスターしとけよ、と言いたいよ」

　まあ、このヘッドハンター氏も手数料商売ですから、人材を紹介できなければ仕事にならないという理由もあるとは思いますが、いやはや当時の僕にも耳の痛い話でした。

◆投資、ビジネス……〝儲かる情報〟は英語圏に流れている！

　また、投資にしろビジネスにしろ、**儲かる情報の多くは英語圏の世界に流れている**という現実があります。したがって、英語が使えるということは、それらの情報に、いつでも自由にアクセスできるということなのです。

　例えば、年利回り二〇％以上を誇るファンドのほとんどは、海外の投資会社が運用しており、目論見書などもすべて英語です。バブル崩壊後、デフレ傾向だった日本とは対照的に、海外の多くの国ではインフレ傾向で不動産市場は活況を呈していました。

　そういう儲かる可能性のある市場で投資をしようと思っても、英語圏であるために、英語がわからない日本人には手を出せません。

　ビジネスにおいても、日本語圏だけで商売するよりも、英語圏でも商売できた方が、顧客の数も仕入先の範囲も圧倒的に広がりますから、**仕事の規模もチャンスもケタ違い**です。また、海外の有望ビジネスを日本に持ち込もうと思っても、英語がわからなくてはそんなビジネスを発掘しにくいですし、発掘できても交渉が円滑に進まないでしょう。

セブン-イレブンやマクドナルドはアメリカから鈴木敏文氏や故・藤田田《でん》氏が持ち込んだビジネスですし、リフレクソロジーなども英国発のビジネスです。もちろん通訳を雇えばよいとも言えるのですが、タリーズコーヒーを日本に持ち込んだ松田公太《こうた》氏のように、直接交渉して信頼関係を築こうとすれば、一個人が大企業に競り勝つことも可能なのです。

さらに、海外にはまだ日本に紹介されていないすばらしい書籍が数多くありますから、それらにいち早くアクセスできるというだけで、日本のビジネスシーンで有利に立てる可能性が高くなります。ネットの世界で流行っている情報起業やダイレクトマーケティングも、実はアメリカのノウハウをそのまま持ち込んだものが多いのです。

そう、英語ができる人は、まだ日本に紹介されていない「情報」をそのまま持ち込むだけでもビジネスができるのです。英語がわかれば、そこに発生する**「情報格差」を利用するだけで儲けるチャンスをつかむことができる**のです。

お金に対する考え方に大きな変革を起こした「金持ち父さん」シリーズも、もちろんアメリカ発の書籍です。この本をもっと早く読んでいれば、全く違った人生になったはずなのにと地団太を踏んだ人も数多くいた、という話も聞きます。

4 〝英語が本当に使えるレベル〟とは?

では、自分の周りに英語が「使える」レベルの人はいったい何人いるでしょうか?

グローバル化の時代と言われながらも、英語が使える人はまだまだ本当に少ないのが実情です。だからこそ、**英語ができるだけで選択肢が格段に広がる**し、すばらしいチャンスを手にできる可能性が高いのです。

英語学習でよく言われることに、「大切なのは英語力よりも、伝えるべき中身だ」とよく言われます。それはごもっともで、自分の意見を主張するということは言語や国に関係なく大切です。

しかしながら、実際には相手の話している内容すら理解できなければ、そもそもコミュニケーション自体が成り立ちません。また、表現を知らなければ相手に失礼になってしまう場合もあります。「What's your sex?」と聞かれて、「My sex is very exciting!」と答えて失笑を買った人もいるそうです（笑）。そういう意味でも最低限の英語力は必要です。

自分が時間と労力をかけてマスターする必要はなく通訳を使えばいい、という考え方も確かにありますが、やはり直接コミュニケーションできた方が、相互の理解をより深められます。読み書き程度であれば、今や優秀な翻訳ソフトがありますから、多少の不自由は問題ありません。

しかし、相手の真の狙いを読み取る、相手を説得するというコミュニケーションをしようとすれば、通訳を使っていたのでは不十分な場面が多いのが現実です。通訳では人を感動させたり、人を動かしたりということには限界がありますから。

それに、人と人とのヒューマンなつながりが重視されるのは万国共通です。日本人が日本で外国人に会った時、日本語で話されるとうれしくなるのと同じように、海外でもその国の言葉がカタコトでも話せれば、現地の人は喜んでいろいろ話しかけてくれるものです。

このように、**あなたの人生において、多くの選択肢を与えてくれる英語**ですが、**習得は何歳からでも遅くはない**ので、やる気のある人は今すぐ始めましょう。早期英語教育などと自分の夢を子供に託すよりも、まず自分が英語をマスターすべきです。子供は欧米の大学に留学でもさせれば、すぐに身につけてしまいますから。

自分が逃げて金と時間を子供の英語教育につぎ込むよりも、自分自身につぎ込み、自分自身の世界を広げた方が、結果として子供の世界も広がるのではないでしょうか。

5　外資系コンサルティング会社勤務だった僕の「楽しい英語学習法」

前職のコンサルティングファームは外資系でしたが、入ってみたら、なんとトップが英国人。財務ディレクターがオーストラリア人。社内でCRM（顧客管理）マーケティングのプロジェクトに参加してみたら、プロジェクトマネジャーがスイス人。オフィシャルな文書はすべて英語。世界中のオフィスで実践したプロジェクトを見ることができる全社的データベースも、もちろん英語。

僕はかつて米国公認会計士の試験に合格したことはありますが、これはペーパーテストですので、スピーキングもリスニングもできなくても、読み書きができれば十分合格できます。

しかし、実務では読み書きだけではなく、聴く・話すという実際のコミュニケーションが必要です。しかも自分の会社のトップが言っていることもわからない。こりゃマジでヤバイと思いました。

そしてヒアリングマラソンなどの通信講座を受講したり、英会話スクールに通ったりもしましたが、すべて挫折しました。

僕が通信講座を挫折した理由は、意志の弱さに加え、隅から隅まで全部やろうとしたことにあります。面白くなくても全部やろうとガマンしてやっていたので、学習が苦行となり、次第に教材を見るのもイヤになってしまいました。

英会話スクールにも通いましたが、仕事が忙しくなると優先順位が下がり、だんだんと行かなくなりました。間違えても話せる度胸がついたという効果はありましたが。

出張へ行く際、飛行機の中で水をもらおうと思い、外国人のキャビンアテンダントに「ワラ（水）」と言ったら「コーラ」が出てきた時にはさすがにガックリしましたが、正しい発音よりも通じる発音が大事なんだと痛感した出来事でもありました。

◆〝好きな分野〟を「英語」で学ぶ

そんなこんなで、英語にはかなり苦労しました。僕は未だに英語が流暢というレベルには程遠く、白熱したディスカッションにはついていけないですし、洋画を字幕なしで見れば半分も理解できません。それでも、ビジネスに必要な会話はなんとかこなせていますし、海外の不動産ブローカーやバンカー、弁護士などともやりとりできるようになりました。

そんな大したレベルではないにしろ、とりあえず仕事で使える程度にはなった僕の学習方法は、**自分の「好きな分野」を「英語で」学ぶ**ということです。英語を勉強するのではなく、自分の趣味や興味のあることを英語で楽しむのです。僕のケースで言えば、趣味の「クルマ」、仕事と実益を兼ねた「投資」「マーケティング」を英語で学んだのです。

◆「オーディオブック、原書、翻訳書」の三点セットを用意！

具体的には、オーディオブックと、原書、日本語の翻訳書の三点セットを購入しました。日本語の翻訳書を読み、その原書を読み、対応したオーディオブックを聴く、そしてリピーティングする、という勉強法です。

オーディオブックとは、その名の通り、原書の主要部分の朗読を吹き込んだCDです。オンライン書店のアマゾンで探すと、実に多くのオーディオブックが販売されていますので、自分の好みに応じて選ぶことができるでしょう。

趣味の分野だけだと語彙や表現が偏るという短所はありますが、挫折しない方法を探ることが何より望ましいと思います。勉強全般に言えることですが、僕たちは基本的に怠け者で意志が弱いので、なかなか継続していくことが難しい。だからこそ意志の力に頼ろうとしないで、仕組みや環境作り、勉強方法の工夫をする方が大切なのです。

英語の勉強が今まで続いたことがないという人は、多少偏っていたりお金がかかったりしても、挫折するリスクを最小化することに重きを置いた方がよいと思います。

英語は続けることが重要であり、続けられないことが最大のボトルネックですので、いかに続けられる環境を作るかが、マスターする最大のポイントですね。

最近ではネット上に数多くの素材がありますから、自分の興味ある分野の多くは英語でも入手できます。

趣味の延長で米国株をやっている人もいますし、海外の情報商材を日本語に翻訳して販売している情報起業家も数多くいます。

とにかく楽しんで続けられる方法を探すことです。

英語の学習は楽しい↓楽しいからもっとやる↓わかるようになる↓英語の学習がもっと楽しくなる。こうした上昇スパイラルが描ければ、**英語の学習が日常生活の一部**になってくるので、毎日少しずつでも工夫をして英語に触れる時間を作るようになります。

歯を食いしばってがんばるというのもよいですが、まずは楽しんでやれること、続けられることを探して始める方がよいと思います。

6 MBA、FP…… "資格" はどこまで使えるか

僕の会社で社員の募集広告を出したところ、FP（ファイナンシャル・プランナー）の資格を持った人が面接に来ました。前職を辞めた理由を聞くと、「会社が社会保険に加入してくれないから」とのことでした。

健康保険や年金などは、正社員であれば半分会社負担とか基礎年金の上積み部分があるという恩恵がありますが、基本的には自分で加入すれば済むはずです。それに失業保険（雇用保険）に頼るなんて、会社や社会にぶらさがろうとする貧困な精神のように感じます。

社会保険に加入していないという理由で仕事を変えるなんて、社会保険に自分の人生が左右されるとでもいうのでしょうか。

前職を辞めた本当の理由は違うところにあったのかもしれませんが、FPの資格を取得する過程で、いった

い何を学んだのかと首をかしげてしまいます。

また、コンサルティングファームにいた時も、アメリカの有名ビジネススクールでＭＢＡをとった人の面接をしましたが、「ネパールの山奥でボートを売るには」「日本を外国に売ったらいくらで売れるか」「日本に信号機は何台あるか」「ネコと冷蔵庫の共通点を十個あげよ」などコンサル特有の問いを投げかけると、固まってしまう人もいました。

◆どんな立派な資格でも〝集客方法〟は学べない

資格や学歴について、有利な転職をするための武器になるとか、社会で通用するパスポートになるとか、ゆめゆめそんな期待をしてはいけません。その理由は二つあります。

資格は基本的に「正確に記憶する能力」を問うものがほとんどであり、新しいことを考えたり、前例のない問題を解決したりという、ビジネス社会で重要性の高い能力はほとんど問われない、というのが一点目。これはよく言われることですね。

二点目は、稼ぐ方法が学べないということです。どんな仕事であれ、まず集客できなければ成約もできません。成約できなければ、どんな立派な資格や学歴を持っていたとしても、生活できなくなってしまいます。集客について学べる資格など皆無と言ってもいいでしょう。もちろんＭＢＡでも教えてくれないですし、経営学のテキストにも載っていません。お金を稼げなければ、どんな立派なゴタクを並べても生きてはいけません。

マーケティング理論やプロモーションなどと言っても、すでにできあがった企業の修正には使えるかもしれませんが、ゼロから立ち上げる時にはまず役に立ちません。

後づけの理論であれこれ講釈を垂れるのはそんなに難しいことではありませんが、ほとんどの企業で最も苦労するのが集客です。集客できれば、いくらでも自社商品・サービスのよさを説明できます。集客母数が多ければ、クロージングできる確率が低くても、数は確保できますから。

では資格は無駄か、というとそんなことはありません。そもそも資格がなければ携われない仕事もありますから、自分のやりたいことをするのに資格が必要であれば、取得しなければなりません。

学んだ内容そのものが実務で役立つことは少ないですが、取得に至るプロセスが役立つのです。通常は働きながら学ぶため長期戦になるので、タイムマネジメントとモチベーション維持のスキルが高まります。明確な目標を持つことで生活にメリハリができます。こうした生活を手に入れるだけでも、特に何もやらずに家に帰ってテレビを見るだけ、という人よりもずっと充実します。

そして、最後までやり遂げる精神力と、達成感、充実感、自信を持つことができます。やはり、「合格」という経験は、何ものにも代えがたい喜びであり、この成功体験が「自分はやればできる」という自信にもつながり、苦しい時の支えになってくれます。

資格取得も、考えようによってはとても役立つのです。

しかし、資格取得には多くの時間と労力を費やすため、その資格を取得することが本当に自分にとって優先順位が高いのか、という点は冷静に考慮する必要があります。

本当はプレゼンテーション力を磨いた方がいいのに、覚えるだけの資格取得の方がラクだから、と資格に逃げてしまうのは本末転倒になってしまいますから。

7 〝思考停止人間〟が勉強すると、余計にバカになる

世の中には「勉強してはいけない人」が少なからずいます。

「さっきは勉強が大事とか言いながら、今度は勉強するな？　矛盾だらけじゃないか！」と思うかもしれません。もちろん全員に対して言っているわけではありません。

ここで、勉強してはいけない人を判定するクイズを出してみたいと思います。次の迷路を、時間を計りながら解いてください。

どのくらいの時間で解けたでしょうか。さて、僕なら一秒で解けます。

答えは次のページにあります。

怒らないでください（笑）。でも、方法に関しては何も指定していないはずです。

僕たちは誰から言われなくても、ついつい常識的で陳腐な発想をしてしまうものだということをわかってもらいたかったのです。

先ほどの勉強してはいけない、というのは、世間に流され画一的な発想しかできない人は、勉強することでますます流されるから危険だ、ということを言いたかったのです。

〈答え〉

例えば、かつてバブルの時代、資産を保有して活かす経営が賞賛されました。バブル崩壊後は一転して持たざる経営が一世を風靡《ふうび》しました。

そして現在、またしても資産インフレ時代を迎え、再び資産を活用する経営が脚光を浴びています。マスコミもこぞって「○○経営」などと謳《うた》い、最新経営手法を常に取り上げています。

しかし、経営の本質や根幹は、時代によってそんなに変わるものではないと思います。トレンドを超えた本質をつかむ視点を持とうと意識しなければならないのです。

アウトソーシングが効率的？
在庫は悪？
お客様は神様？
成果主義がやる気を高める？
スピードが大事？
ＩＴが会社を効率的にする？
市場のセグメンテーションが大切？
規模より利益率を追うべき？
……本当？

後から分析して「これが成功の方程式だ」などと評論することはいくらでもできますが、ビジネスの現場は常に動いています。顧客のニーズも技術もプレーヤーの質も数も変わっていきます。対応する人や会社が違えば、結果も異なるのです。にもかかわらず、流行りの経営手法や経営タームに踊らされるビジネスパーソンは思考停止の典型例です。

自分の頭で考えることをやめた思考停止人間は、勉強によってよけいバカになるのです。勉強すればするほど情報に振り回され、視野が狭まり、自分の考えを持てず、評論家になってしまうのです。

多くの人が読書や勉強にいそしんでいますが、**重要なのは、そうした勉強を通じて、「自分はどう思うか？」「自分はどう行動するか？」に帰結すること**なのです。それがない読書や勉強——例えば何冊本を読んだとか、何時間勉強したとか、どんな資格を取得したとか——などは全く無意味ではないでしょうか。

8 「会計」をマスターしなければビジネスマン失格!?

昨今、「会計をマスターしなければビジネスマン失格」のような風潮があります。そんな流れに呼応して、会計に関する書籍がかなり売れているようです。

しかし、会計というのは数字の集合体にすぎませんから、数字に弱い人が会計に強くなれるはずがありません。つまり、数字を理解できてこそ会計もわかるというものです。そういう意味では、会計を学ぶことに時間をかけるよりも、まずは数字を自在に扱えるようになることの方が重要ではないでしょうか。

それに**数字がわかるということは、物事の価値を適切に理解し、その裏側の背景を洞察できるということ**でもありますから。

例えば音楽に疎い僕にとっては、楽譜を見ても単なる記号の羅列にしか見えません。それは僕が楽譜を読むチカラ（知識や経験）がないからです。しかし、僕の友人でもあるピアニストの女性はこう言います。

「譜読み（楽譜を読むこと）をすると、メロディはもちろん、その曲が訴えたい情景や作曲者の想いがありありと頭の中に広がるの」

楽譜を見て眠くなる僕と、壮大なイメージを描ける彼女……。つまり、持っている知識や経験の差によって、同じ情報に触れても得られるものが全く異なるということです。

つまり、**投資にしろビジネスにしろ、数字を理解できればより多くのことがわかり、より適切な意思決定につながる**ということです。

そうはいっても、「数字はニガテ」と感じている人も多いのではないでしょうか。特に中学高校の数学で苦手意識を持って以来、ずっと避けてきたという人は多いようです。

では、どうすれば数字に強くなれるのでしょうか。僕がお勧めする学習方法のいくつかをご紹介します。

◆①計算に慣れる――投資もビジネスも〝加減乗除〟で事足りる

まず**「計算に慣れる」**ですが、投資においてもビジネスにおいても、もちろん会計においても、**基本的には加減乗除ですべて事足ります。**ということは、そもそも足し算や引き算がニガテであれば、数字を見たとたんに拒否反応を起こしてしまうでしょう。

そこで、単純な計算練習をしてみることをお勧めします。例えば、以前流行った百マス計算とか、小学生用の計算ドリルとか。そうした簡単な計算問題を短時間で解く訓練をすることによって自信がつき、数字を見ることにも抵抗感が少なくなります。

簡単な計算が素早くできる――これが数字を自在に扱えるようになるための基本トレーニングです。

◆②自分が「何のために・何を知りたいか」を明確にする

次に**「自分が何のために・何を知りたいかを明確にする」**ですが、財務諸表でも見積書でも家計簿でも、自分の関心がある数字というものがあるはずです。そこに注目し、その他はあえて捨ててみるのです。

決算書を見るのであれば、最も関心が高いのはやはり利益でしょう。そこで、まず初めに、最終利益を見てみる。そこから経常利益、営業利益へと遡《さかのぼ》っていけばいい。

知りたいことがわかっていれば、あとはその数字を探して確認するだけです。自分が何を知りたいかがよくわかっていないのに、会計の勉強をしたって頭に入るはずがありませんから。

◆「意味のある数字」と「意味のない数字」を見分けるために

例えば僕の会社は上場しているわけではないですから、企業会計原則に則った財務諸表というのは、税務申告上は必要なので作成していますが、日常の経営判断での必要性は高くありません。むしろ重要なのはキャッシュフローです。

黒字倒産という言葉がある通り、カネが回らないと会社は存続できませんから、普段は現金がいくら入り、いくら出ていって、最後にいくら残るかに注目しておけばいい。僕の会社のようなベンチャー企業の場合は、極端な話、損益計算書や貸借対照表に頼らなくても経営判断はできるのです。

つまり、**「何を知りたいか」が明確になって初めて読むべき数字も決まる**ので、後はその数字の意味するところを探ればよいのです。やみくもに勉強することは、むしろ時間の無駄になりかねません。

また、こうした意識を持てば、**意味のある数字と意味のない数字を見分けることもできる**ようになります。

僕は不動産投資コンサルティングをやっていますが、地価上昇率とか、平均坪単価とか、平均成約賃料とか、そんなものを指標にしていると判断を誤ります。例えば、日本という国をひとくくりにしても意味はなく、そもそも地方と都市部は異なります。

都市部であっても、例えば有楽町と新橋では、立地上は隣り合った駅ですが、街の姿や人の流れは全く異なります。同じ新橋駅でも、汐留付近は「サラリーマンの街」という新橋のイメージが全くなく、驚くほど洗練されています。それでも一本裏通りに入ると、人通りもまばらになり、居住目的なら静かでよいが、店舗には向かないなど、目的によっても価値が異なります。

不動産というピンポイントの対象を考える時、平均ほどミスリーディングな数字はないわけです。

同様に、世帯あたりの平均貯蓄金額が一千万円を超えたとか、ビールの消費量が東京ドーム何杯分とか計算してみても、何の意味もないのです。

一千万円の売上が二千万円になって伸び率二〇〇％というよりも、伸び率が一二〇％であっても、五億円の売上が六億円になる方がインパクトは大きいのです。

僕もコンサル時代には、意味のない分析をやって、ずいぶん叱られました。

結局、**「その数字からどういう示唆が得られるのか？」「その分析が、どういうアクションにつながるのか？」が導き出せなければ、どんな分析や指標も単なる数字遊びにすぎない**ということです。

かつてＲＯＡ（総資産利益率）やROE（自己資本利益率）がもてはやされ、そんなモノサシを崇拝し絶対視する風潮がありました。しかし、前述の視点で分析結果を見ると、実は世の中には無意味な数字が氾濫していて、多くの数字は無視してよい、あるいは現状を正確には捉えていない、ということがわかるでしょう。

◆③「自分で数字を作ってみる」——人・モノ・金の流れを理解する

次は**「自分で数字を作ってみる」。**これは極めて重要です。数字を作るというのは、その数字ができあがるプロセスを理解し、人やモノやお金の流れを理解できるということにつながりますから。

ここの訓練ができれば、時給いくらで何時間働けば生活できるのか、カードでいくらまで使えば破綻しないのか、カレーライス四人前を作ろうと思えば、どれくらいの材料を揃えればいいのかなど、ビジネスだけでなく日常生活に必要な計算もほぼできるようになります。

経営コンサルタントをしていた時、クライアントの新規事業立ち上げのプロジェクトに何度か携わったことがあります。新規事業ですから、当然世の中にはまだ存在しない商品やサービスのものもあります。しかし、あえて市場規模を算出しなければ、その新規事業に参入する価値があるのかどうかという判断ができません。

「世の中に存在しない市場の市場規模を計算する」「データがなくてもロジックだけで数を算出する」……どんな場面であっても自分で数字を作ろうとする意識を持ち、数字を作る経験を通じてこそ、数字に強くなり、ひいては会計にも強くなり、数字で判断することができるようになるのです。

そこで、僕がよくやっているトレーニング方法をご紹介します。

僕はレストランに入ったら、辺りを見渡して、その店の売上や利益を計算するクセがあります。

店に入ると座席数を数え、営業時間を見て客の回転数を予測し、一日あたりの客数をはじきます。そしてメニューを見て一人あたりの客単価を出し、客数×客単価×三十日で、一カ月あたりのおおよその売上高を出します。次に従業員数を数え、営業時間からシフト数をはじき、だいたいの時給から人件費を出します。

飲食店なら原価率は三〇％前後とし、家賃は場所によって異なりますが、月額坪五万とします。そして、水道光熱費等をざっくり計算します。

これでおおよその経費が出ますので、売上から経費を引いて、どのくらい利益が残るか、つまり儲かるかを二〜三分で計算するのです。当然、初期の設備投資もありますが、あえて無視して、あとは集客の方法や集客にかかるコスト（広告など）を考えて、採算ベースや、さらにもっと儲ける方法を考えてみるのです。

レストランに限らず、行く先々でこの人たちは**いくら儲かっているかを計算する**ようにする。**この癖をつけると、驚くほど計算が速くなります。**

◆〝巷《ちまた》の会計本〟を読むより「簿記」を学ぶ

もう一つ。**会計を理解したいのなら、巷の会計本を読んでわかった気になるのではなく、簿記を習った方がよいでしょう。**なぜなら、簿記は会計の基礎であり、簿記を学ぶことで財務諸表がどのようにできあがるかを理解できるからです。そうすると、財務諸表を見ればお金の流れをつかめるようになります。

僕は日商簿記検定一級と、米国公認会計士（ＣＰＡ）の資格を取得しましたが、実務で役立っているのは、ＣＰＡの勉強よりも、むしろ簿記検定の勉強です。

仕訳を切り、それらを積み上げて試算表を作り、決算処理を行ない損益計算書と貸借対照表を作る。そして損益計算書をベースにキャッシュフロー計算書を作る。これを何度も何度も繰り返すと、〝そら〟で財務諸表を作れるまでになります。

これが、僕が財務諸表の仕組みと読み取り方をマスターできた最大の理由です（本当はもっと奥が深いのかもしれませんが、学者ではないですし、実務には十分です）。

簿記一級までは必要ありませんが、二級程度まで学習すれば、財務諸表や原価計算に関しては、十分でしょう。

Chapter 2

稼ぐ人の「人生戦略」ノート

Q.1 最近読んだ本や最近参加したセミナーの中で、「自分の行動が変わった」例をあげてください

例）朝の出勤前にカフェに寄って１時間勉強するようになった

Q.2 今あなたの目の前にあるモノの「市場規模」(日本国内)を何も参照しないで計算してください

(正しくなくてもロジックに説得力があればよい)

例)箱入りのティッシュペーパー

日本の人口が約1億2000万人で1世帯当たり移住者数平均を3人と仮定すると、1億2000万人÷3=4000万世帯。
1世帯当たり1ヵ月に4個消費すると仮定すると、1世帯あたり年間48個となり、4000万世帯×48個=19.2億個(一般家庭)。

労働者人口をざっくり人口の6割とすると7200万人。1事業所あたりの平均勤務人員を10人と仮定すると、会社や店舗の数がおよそ720万箇所。1事業所あたりの消費数を、家庭の半分とみなして0.6個×10人=6個。6個×12ヵ月×720万箇所=5.2億個(事業所)。
19.2億+5.2億=24.4億個、1個70円とすると、24.4億×70円=1708億円(箱入りティッシュペーパーの国内年間市場規模)。

Q.3 あなたが習慣にしたい「勉強ルール」を10個書き出してください

例）毎月１度はセミナーに参加し、ノートをびっしりとる

◆

◆

◆

◆

◆

◆

◆

◆

◆

◆

《人生戦略③》自分の「マシン性能」を徹底的に鍛える

ロジカルシンキング、プレゼンテーション、マーケティング、語学、ITリテラシー……。これらは自分の活躍できるフィールドを広げ、満足度の高い人生を切り開くためにも必要な能力であることは間違いありません。

しかし、そうしたスキルも、身につけようとしばらくがんばったけれど、結局挫折した、あるいは中途半端なところで満足し、日常での獲得意欲はすでに弱まっている、という人も多いのではないでしょうか。

1　一流と三流を分かつのは「努力し続ける力」

元F1レーサーの片山右京《うきよう》氏が、かつてセミナーでこんなことを言っていました。

「僕は別に特別な人間なんかじゃない。F1でも、特別速かったわけでもない。でも、走り続けていたら、周りの人たちがだんだんといなくなったんだ。みんな途中であきらめて辞めちゃうんだよね。そして気づいたら、いつの間にか僕が先頭を走っていた。ただそれだけのことなんだ。

みんな続けないし、続けられないんだよ。だから、がんばって走り続ければ、すごい才能がなくても第一人者になることができるということ。僕には素質なんてないけれど、ひたすら努力し続けるという点においては、人より勝っていたのかもしれないね」

何かを成し遂げることにおいて、一流と三流を分かつものはたくさんあるでしょうが、それらのうちの一つに**「努力し続けられる力」**があげられるでしょう。

どんなに能力が高くても、継続できなければ、スキル習得は中途半端で終わってしまいます。逆に、たとえ能力が普通であっても、継続できれば一流の域に近づくことができます。英語などの学習でも、ジョギングなどのスポーツでも、三年やれば相当のレベルになり、十年やればもうプロです。

例えばロジカルシンキングやプレゼンテーションといったスキルや、マーケティングやファイナンスの知識といった個々のスキルを、コンピュータでいう「アプリケーションソフト」と見なしてみましょう。すると、この**「努力し続けられる力」は、あなたの「マシンの性能」**と言うことができます。

ＣＰＵ（中央演算処理装置）の速度、メモリーやハードディスクの容量といったマシンそのものの性能が高くないと、どんなスキルを詰め込もうとしても容量オーバーでエラーが起きたり、動作が遅くなったりしてしまいます。だから、アプリケーションソフトを詰め込むよりも、まずはマシン性能を高めることが大切なのです。

では、「努力し続けられる力」というマシン性能を高めるためには、何をすればいいのでしょうか。するべきことはたくさんあるかもしれませんが、僕が重要だと考える要素をいくつか紹介したいと思います。

2 自分を「客観的に評価」する〝指標〟を持つ

まず、**仕事ができる人は、自分自身を評価する「指標」を数多く持っている**という点があげられます。

たとえ思ったような成果が上がらなかったとしても、必ずどこかが進歩しているものです。単に成功した、失敗したではなく、評価指標を多く持っているので、進歩したことがわかるから自信を失うこともないし、鍛錬すべき点が常に明確なのです。

逆に凡人は、自分の評価基準を少ししか持っていません。うまくできた、うまくできなかった、自分が悪い、他人が悪いといったものしかないのです。だから、少しうまくいけば舞い上がって喜び、すぐに満足します。失敗すると、すぐに思考停止し、他人や社会や環境のせいにして、失敗から何も学べない。

仮にあなたが企画職で、企画職の仕事には、情報を収集し、アイデアを出し、差別化ポイントやキャッシュポイントを考え、企画書を作成し、プレゼンテーションし、通った企画を実行に移す、という一連の流れがあるとします。

最初の「情報収集」という仕事一つをとっても、自分の努力や成長度合いを測るには、たくさんの視点があります。

社内の他部署の人間何人と話したか、顧客や取引先の何人と会ったか、競合他社を何社調べたか、社外の専門家やクリエイターと月に何回会ったか、本や新聞・雑誌をどれだけ調べたか、ネットを調べたか、街に出て観察したか、異業種からヒントを得ようとしたか、気づきをメモしたか。

方法だけではなく、その頻度、信頼性、新鮮さ、得られた示唆なども、自分の情報収集作業のクオリティや成長度として評価することができます。

これが普通の人なら、こういう検証をすべて省いて、結局企画が通ったか通らなかったか、通ったらバンザイ、通らなかったら上司のバカヤロー、で終わってしまいます。

できる人間になるには、自分を評価する指標を細かく持つことです。**自分の仕事や能力を測る指標を細かくブレークダウンする**のです。すると、普通の人には見えない進化や、普通の人なら見たくない自分の弱点が見えてきます。

達成感は多くの人にとってモチベーションとなりますから、その達成感を小さくても得られるような指標なり目標なりを設定するのが、モチベーションをコントロールする一つの方法なのです。

3　稼ぐ人は「アクション・プラン」を立てるのがうまい

年収が五百万円の人が三年以内に年収を三倍にする、つまり年収一千五百万円にするという目標を立てたとします。もちろん目標を立てるだけでは実現しませんから、具体的な行動プランを立てる必要があります。

例えば、

・成績を上げて昇進昇格する
・副業を持つ
・より稼げる会社に転職する
・扱う商品を利益率の高いものに変える
・新事業を三つ起こす
・ＦＣや代理店制度を取り入れて収入の入り口を増

やす

ざっと思いつくままにあげてみましたが、他にもたくさんあります。でも、この程度のことであれば、誰でもすぐ簡単に思いつくでしょう。逆に言うと、この程度のことしか思いつかなければ、年収を三倍にすることはまずできないということです。なぜなら、**思考のレベルが浅い**からです。

夢を本当に実現できる人というのは、思考のレベルが「深い」。情熱があることは当然として、目標を達成するに至る方法論や具体的なＴＯ ＤＯを、半端ではないほど緻密に出し続けられます。「そこまでやるの？」というほど細かく深く発想しようとします。

例えば、今流行の情報販売ビジネス一つとっても、僕の友人で毎月二百万円を売り上げている会社員がいます。

彼に今後のプランを聞くと、商材はこういうテーマでこうやって作る、価格は単品とセットでこれくらい差をつける、集客は自分ではこれをやるが、他は仲間を募って手伝ってもらう、ウェブサイトはこう作って無料メルマガから有料メルマガへと移行する、広告は金をかけるものとかけないものに分けてやる、メディアはＳＮＳとブログと他にもこういうものを使う、顧客の声が集まったらこんなふうにバージョンアップする、これでさらに月収を二百万円増やして、こういう収益源をあともう二つ作る……。

しゃべり出したら止まらない、本当に次から次へと出てくるのです。

漠然と年収を上げたいと考えている人に、ここまで具体的なアクション項目が出てくるでしょうか。彼は自分のプランを実現させるべく、情報ビジネスのことをものすごく研究し続けています。

これは、普段の仕事でも同じです。

業務報告をさせて、今日の反省と明日以降の行動計画を言わせてみれば、できる人かどうかは一目瞭然です。できる人は非常に具体的だけれど、普通の人は粗いのです。だからすべてが後手後手に回り、要領も悪いのです。

できる人になるには、普段から具体的に考える思考の深さと、面倒くさがらずにとことん考え続ける努力を習慣にすることです。

4 しつこく深く考え抜く「持久力」をつけるには

最近は、自分の頭で考えない人が増えていると感じます。例えば、何か凶悪事件が起こると、それが社会全体を反映しているかのように不安がったり、企業が何か問題を起こすと、その会社が消滅するまで徹底的に叩いたり、テレビ番組で特集された商品に人々が殺到して、店頭から消えたりすることがよくあります。

これは、人々が思考停止に陥り、扇情的なマスコミ報道に同調してしまう人が増えているということの表れでしょう。この背景には、テレビやネットからの一方通行の情報があふれ、人々が受け身の状態に浸る時間が長くなっていることがあると思います。

こうした**思考停止状態を防ぎ、付加価値思考にシフトするには、「知的好奇心」と「知的体力」が必要**です。

知的好奇心とは、「もっと知りたい」「それは本当なんだろうか」「どうやったらできるのか」「要するにどういうことなのか」「実際に確かめてみたい」と思う心です。

よく言われるところの批判的精神のようなものですが、単に疑ってかかるというレベルのものではありません。

批判的に見ようとすると、どうしても根掘り葉掘り必要以上に細かいことまで追及してしまい、対象が人であれば相手を不快にさせてしまいます。それとは異なり、**知的好奇心とは、本質を知ろうという素直な気持ちです。**

知的体力とは、途中でうやむやにしないで、行動レベルまで考え抜くことができる「持久力」のことです。行動レベルというのは、「自分ならどうするか」ということです。

テレビで国家公務員や国会議員が起こした不祥事のニュースを見て「けしからん」と腹を立てて終わりではなく、では具体的にどうすれば防げるのか？　そのやり方は本当に効果があるのか？　反論があったらどう対応するのか？　というところまで考えられるということです。

しかし、普通の人は知的体力に乏しいので、面倒くさくなって途中で考えることをやめてしまいます。一方、知的体力のある人は、こうした日常で起こる身近な問題を、常に考え抜く習慣ができているのです。

5 「知的好奇心」と「知的体力」はビジネスパーソンの武器

経営コンサルティングの仕事では、**「問題解決力」**が高い次元で要求されます。もちろん、これはプロフェッショナルを目指すすべてのビジネスパーソンに求められる能力でもあります。

問題解決力とは、課題を発見し、根本原因を突き止め、具体的解決策を考え、実行し実現する能力。あるいはその一連の流れを、他人が納得できるように論理的に説明し、人を行動へと駆り立てる能力のことです。コンサルティングファームでは、新卒でも中途採用でも採用面接では、この力（あるいは意欲やポテンシャル）を徹底的に見ようとします。

例えば「あなたが今勤めている会社の経営課題は何か、三つ答えよ。そしてあなたが社長なら、その課題をどう解決するか」と聞かれたら、どう答えるでしょうか？

僕は中途採用の面接では、必ずこの質問をしていました。この質問にはいろいろな意味が含まれています。

そもそも問題のない会社などありません。ですから、普段から常に**「問題意識」**を持っているかどうかを見ることができます。最低三つくらい答えが出てこないと、問題意識が低い可能性があると考えられます。問題意識が全くない人は、そもそも転職など考えないでしょうから。

この質問からは次に**「視点の高さ」**がわかります。一般社員レベルの視点しか持っていないと、「やる気のない雰囲気が問題↓だから評価制度を見直すべき」という金太郎飴みたいな答えしか出てきません。

常に経営トップの問題解決を担うコンサルタントには、「現場の視点」も必要ですが、「経営者の視点」が不可欠です。

経営トップであれば、商品開発、営業、マーケティング、提携やM＆Aなどを含めた事業全体のポートフォリオなど、考えるべき課題は山積みのはずです。そこに想いを馳せられなければ、クライアントを説得することはできません。問うているのは「経営課題」ですから。

さらには、**「本質を追究しようという意欲」**もわかります。普通の会社であれば、その経営課題に対して、何らかの策をすでに講じているはずです。でも改善されていないということは、問題の本質はもっと別のところにあるはずではないかということがわかります。妥協しないでそこを見極めようとする意欲が必要なのです。

最後に**「独創性」**です。解決策を出させることで、創造力をみることができます。平凡な答えが返ってきたら、即座に「それはあなたならではのアイデアですか？　それとも他の誰もが思いつくアイデアですか？　今までも他の人がやっているのではないですか？」と質問します。誰でも思いつく平凡な案では、企業から高額のコンサルティングフィーをもらえないからです。

経営コンサルタントにならないまでも、ビジネスパーソンであれば、本質を追究しようとする**「知的好奇心」**と、自分は何をすべきかまで考え抜ける**「知的体力」**は重要な能力です。

自分の会社のことはもちろん、テレビのニュースなど、考える素材はたくさんあります。年金問題でもいじめ問題でも、駅前の放置自転車問題でもいいですから、身近なテーマで考えを巡らせるトレーニングをしてみてください。

6 「濃淡メモ術」から斬新な〝解決策〟がひらめく

ここで、経営コンサルタント時代にマスターした、**考え抜く力をつける「濃淡メモ思考法」**をご紹介したいと思います。

経営コンサルティングという仕事を進めていく上ではいくつかのフェーズがあり、最初にすべきことは、現状理解のためのファクト（事実）情報の収集です。

その方法の一つとして、フィールドインタビューがあります。

クライアント企業のトップ、役員、部課長、一般社員、アルバイトなどはもとより、取引先、顧客、ライバル企業、その道の専門家など、時間と予算の許す範囲で徹底的にインタビューし、情報を集めます。

非常に地道な作業ですが、三カ月程度の一プロジェクトでもB５判ノートにメモをとると五冊くらいになります。一言一句漏らさず書くことはできませんが、できる限り発言の内容をそのまま書きます。一日で五〜六人もインタビューすることもあり、そんな日は終わった時には、もうへとへとです。最後の方は手がしびれて動かなくなることもあります。

仮説を立てる時、課題を洗い直す時、問題の原因を探る時、プロジェクトの終盤であっても、見落としはないか、勘違いはないか、インタビューメモに立ち返ります。

犯罪捜査では、行き詰まると現場に立ち返ると言いますが、コンサルティングの場合は調査メモに立ち返ることが多いのです。そんな時、キーワードや断片的な発言しか記されていなかったら、何も思い出せません。

しかし大量に書き込んだノート——僕はこれを**「思考ノート」**と名づけましたが——には、現場の雰囲気が生々しく残っています。インタビューの内容は時間の経過とともに忘れてしまうので、徹底的に書き込んだインタビューメモは、非常に貴重な材料となります。

また、インタビュー中には、**「あれっ？」と思ったキーワードは必ず線で囲んだり、因果関係を線で結んだりしながら記録**していきました。

というのも、インタビュー中には、「これが問題の原因では？」とひらめくことがよくあるからです。そんな時に、その発言の重要度に何も濃淡がついていなかったら、膨大なインタビューメモの中に埋もれてしまうからです。

さらに、インタビューしながら気づいたことを追加メモとして違うページに書いておきます。実はこうしたひらめきを書きとめたメモが、斬新な解決策を生んだり、新しい主張の基礎になったりするのです。

こういう作業の繰り返しが、僕の思考法の基礎になり、今に至っています。

大前研一氏の『企業参謀』という本がベストセラーとなり、「マッキンゼー」という名を世界中にとどろかしたことは有名です。

この本のタネとなったのは、氏が日々のコンサルティングの中でつづった膨大なメモでした。『企業参謀』は、このメモを見た記者の勧めで出版した本だったそうです。

レオナルド・ダ・ヴィンチやエジソンといった偉人たちも、膨大なメモやスケッチを残しています。書くこと、つまりメモしたりスケッチしたり、文章を書いたりすることは、思考を深め、発想を広げ、それら**思考や発想を現実化するための重要な行為**だと言えます。

7 「思考の深さ」を客観的に検証する方法

僕たちの日々の生活で、「本当に考える」時間という

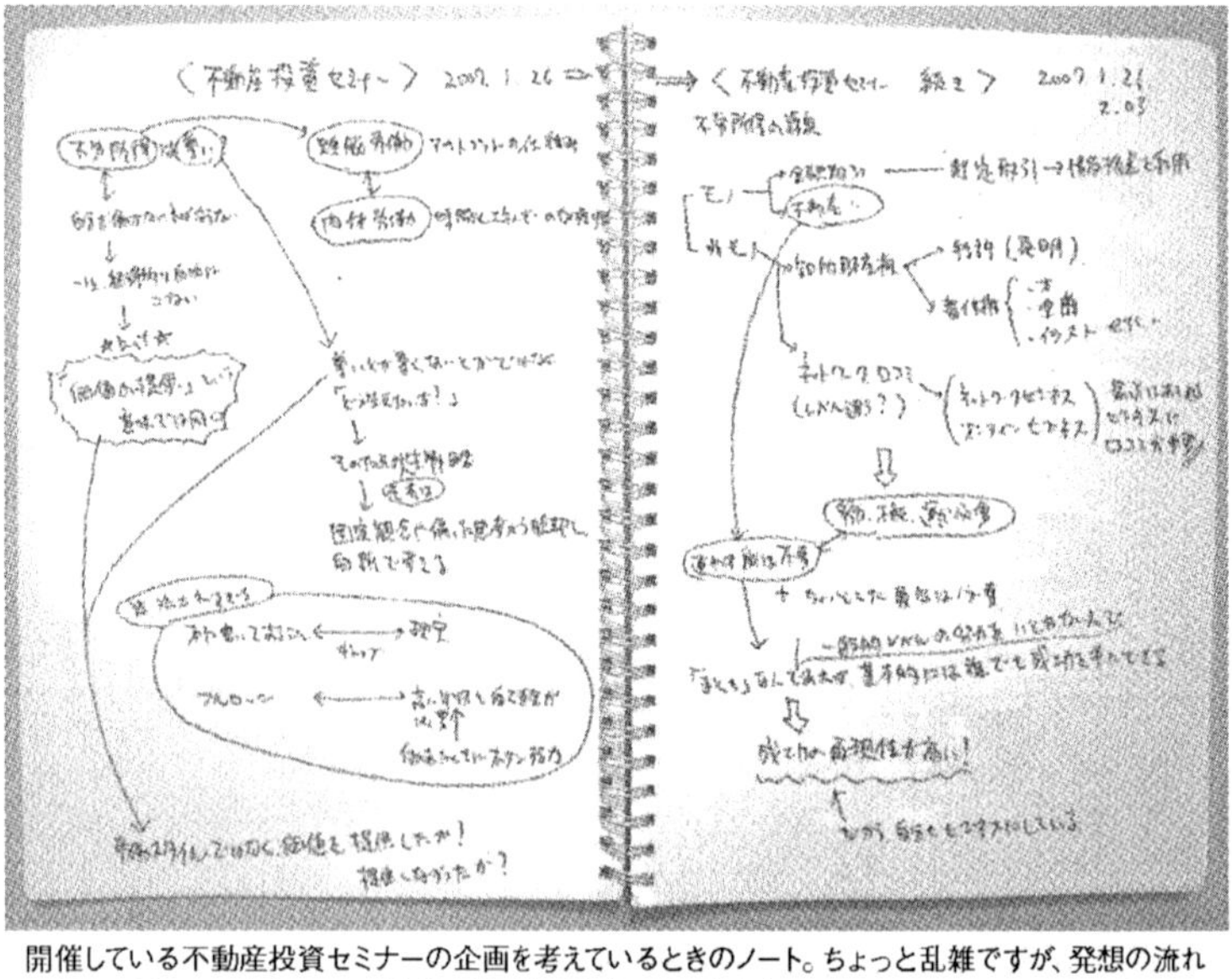

開催している不動産投資セミナーの企画を考えているときのノート。ちょっと乱雑ですが、発想の流れに任せて思いついたキーワードを線で結びながら書いていきます。

のは、実は短いものです。そして何げなく感じていること、考えていることは、シャボン玉のように、はかなく消えていく運命にあります。

また、本人は「考えている」と思っていても、実は感情で「感じている」だけであって、必ずしも「考えている」わけではありません。

例えば朝の通勤電車の中で、今日の仕事の組み立てを考えていたとします。

最初のうちはいろいろ思いつきます。しかしだんだん車内が混んできて、他の乗客に足を踏まれたりすると、「イテっ、このやろ〜」という感情で思考が途切れてしまいます。きれいな女性が近くに乗ってきて密着すれば、「おお〜、朝からツイてるなあ〜」などと全く違う感情に追いやられてしまいます。

そうすると、「あれ、どこまで考えていたっけ？」と思考を戻すのに手間取ったり、同じ考えがぐるぐると堂々巡りになって進まなかったりします。挙句の果てには、会社に着いた時には考えたことをすっかり忘れていたりします。

しかし、自分が考えていることを紙に書き落とすことによって、あいまいな思考を、絵や文字として現実世界に固定することができます。思考を最後まで完結させることができますし、同じ思考が壊れたレコードのように繰り返されることもありません。また**文字として書き出すと、その考えを、客観的に検証することができます**。これが付加価値の高いアイデアを生み出すことにつながるのです。

◆「書く」ことで脳も五感も活性化する！

例えば、会議やミーティングの議事録をとっていて、「何も書くことがない」と冷や汗をかいた経験はありませんか？　それはあなたの要点をまとめる能力が低いのではなく、会議の中身自体に問題があったのだと考えて間違いありません。

僕も経験がありますが、中身のないことを言っている人たちの発言を議事録にとる（紙に落とす）のは困難を極めます。

話し言葉は思考と同様、発せられた後すぐに消えていきます。結論がなくても、中身がなくても、なんとなく

「中身のありそうなこと」を言っているように話すことは可能です。

ですから僕たちは、立て板に水のごとくしゃべれる人を、つい優秀な人だと勘違いしてしまいます。

しかし、話し言葉ではうまくごまかされてしまっても、議事録に落としたとたん、実は具体的なことは何も言っていなかったり、実現可能性が低かったり、課題やその対策についても穴だらけで薄っぺらい内容だったりすることに気づくことがよくあります。

このように、紙に書こうとしたとたん、あるいは紙に落としたとたん、中身の薄いものはすぐに化けの皮がはがれてしまいます。**中身の濃さ、思考の深さは紙に書いたものが証明**してくれます。ハイ・クオリティの価値を提供できるビジネスマンになるために「自分の考えを書く習慣」は必須なのです。

また、「書く」というのは脳を酷使します。断片的な考えを理路整然とした形に表現するという作業をするため、あなたの脳はしっかり考えようとするのです。さらに手を動かします。書いた文字や絵が目に映ります。書くということは、これほどまでに五感を刺激するのです。試験勉強や認知症予防に「書く」ことが取り入れられているのは、こういうところにもあるのでしょう。

8 仕事や会社選びにも活用したい「反常識思考」

さて、「オリジナリティ」は小さなことにも疑問を持ち、容易に納得しない姿勢から生まれます。テレビのコメンテーターや権威者の解説などに、そうだそうだと同調していてはいけません。そのためにも「常識」を疑ってかかる頭の使い方「反常識思考」を習慣にしてください。

安易に常識に流されない**「反常識思考」**とは、本当にそうなのか？　なぜそうなのか？　を繰り返し問うことであり、他人の意見に安易に納得しないものの考え方のことです。そして、そもそも**「この世に常識など存在しない」**という前提で考えることによって、より物事の本質に近づいたり、潜在マーケットの存在に気づいたりすることができます。

例えば、仕事選びや会社選び。

多くの人は、知名度が高い名門企業や、マスコミなどで取り上げられるような勢いのある会社に就職しようとします。注目を浴びている企業が、だいたい就職人気企業ランキングの上位にきます。

僕自身も、単に「知っているだけ」ということで、よく調べもせずに大学を受験しました。とりあえず東京にあるからという理由で早稲田と慶應と中央を受け、合格した中央に進学しましたが、その結果が「はじめに」で書いた通りです。僕もまさに思考が停止した高校生でした。

◆なぜ、無名の短大生が〝家庭教師で月収六十万円〟も稼げたのか

しかし、北海道で航空会社を経営していた（現在は航空機レンタル業）株式会社エアトランセ社長の江村林《えむらり》香《か》氏は、全く違う発想をしています。彼女は、あえてちっぽけでダサイと思える会社に就職しています。彼女の選択は明快で、「鶏口《けいこう》となるも牛後《ぎゅうご》となることなかれ」戦略です。

つまり、大企業に行けば優秀な人材は数多く、競争も大変ですが、中小企業なら優秀な人材は多く行かない。とすれば、誰も知らない中小企業に行けば、**手っ取り早く自分がエースになれる**ということです。

エースになれば、いろいろなチャンスを与えられる。いろいろな経験ができる。好きなようにできる。現に彼女は二十代にして新規事業を提案して、そのまま関連会社の社長を務めたりしています。

彼女は学生時代、無名の短大生だったにもかかわらず、なんと月収六十万円もの家庭教師代を稼いでいたそうです。家庭教師は有名大学の学生でなければ、普通はなかなか依頼がこないものです。

しかし彼女は、「無名の短大生という自分でも必要としてくれるのはどういう人だろうか？」と考えたのです。そして、「偏差値四十以下の生徒さんにのみ、お教えします」というチラシを作って配ったところ、大ヒッ

ト。家の電話が鳴りっぱなしだったそうです。

優秀な生徒の成績を上げるのは至難の業ですが、偏差値の低い生徒の成績を上げるのはそう難しくない。勉強が苦手な生徒の気持ちは自分もよくわかるので教えやすい。基本を押さえるだけで成績がアップしやすく、親からもすごく感謝される。

誰もが行きたがる競争の激しいところではなく、自分を必要としてくれるところ、自分が役に立てるところを探す。そこならば活躍しやすいし、成果も出しやすい。これも反常識思考のなせる業です。

9　ビル・ゲイツのような「すさまじい思い入れ」が差をつける

水滴がなぜ岩に穴を開けることができるのか。虫眼鏡で太陽光を集めると、なぜ火をおこせるのか。吉野家はなぜ牛丼だけで上場できるのか。それは高い集中力を持ち、その集中力を一点に集めているからです。

限られた時間で何事かを成そうと思うと、鬼神のごとき集中力で突破しなければならない局面が数多く訪れます。努力し続ける力を身につけ、自分の〝マシン機能〟を限りなく高めるためには、**集中力を高めること**が必要です。そしてその集中力を分散させないで、一点に集中することも必要です。

錦織圭、イチロー、羽生善治……彼らのような超一流の人物に共通している要素……それこそが「集中力」です。

集中の典型例としてよく紹介されるのは、マイクロソフトの創始者であるビル・ゲイツ氏です。コンピュータサイエンスに関しては担当教授が舌を巻くほどのめり込んで集中し、その成績に関して彼の右に出る者はいなかったそうです。

彼のコンピュータへの思い入れは、本当にすさまじかったようです。「彼に会いたければコンピュータセンターに行け」と言われるほどで、学生時代の彼はほとんどの時間をコンピュータセンターで過ごし、コンピュータがあるテーブルの上で死んだように眠っているゲイツ氏を多くの学生が目撃していたそうです。

10 〝集中できる環境〟から「すごい成果」が次々生まれる

その集中力がなかなか続かない、という人も多いのではないでしょうか。強烈なモチベーションがあれば集中力を持続することも可能かもしれませんが、長期にわたって持続させるのは簡単なことではありません。

集中できる環境というのは、人それぞれです。ちょっと工夫をして集中力を阻害する原因を取り除くだけでも、驚くほど集中力は高まります。

家で仕事や企画を考える時は、テレビを消してみる。ついテレビを見てしまう人は、図書館やインターネットカフェ、レンタルオフィスに行ってみる。

電車の中ぐらいしか勉強する時間が確保できない人は、空《す》いている各駅停車に乗ってみる。自動車通勤の人は、オーディオ教材を聞きながら運転してみる。

職場の飲み会を断りきれない人は、携帯電話の目覚まし機能を使って、他の人からの呼び出しが来たように見せかけて早めに退席する。

仕事が忙しいから、帰りが遅いから、電車が混んでいるから、夜のつきあいがあるから、などと環境のせいにするのではなく、**集中できる環境を工夫して作ることが必要**です。

そのために、レンタルオフィスを借りるとか、ノートパソコンを買うとか、**環境整備のためのコストは投資と割り切って使うべき**です。だって集中すれば、ものすごく多くのことを成し遂げられるのですから、人生全体で見れば、そんなの安いものです。

その他、小さくてもこまめに達成感を味わえるようにすることも、集中力維持に役立ちます。例えば、大きなタスクを小さなタスクにブレークダウンし、やるべきことを絞り込んで一気に征服するというやり方です。

仕事においても、「あれもやらなきゃ、これもやらなきゃ」と仕事を抱え込んでしまうと、逆に焦って能率が落ちてしまう人も多いと思います。

そこで、「今日は徹底的に入力を終わらせるぞ」「この一時間は書類整理をする作業にあてよう」「今日は企画書作りの情報収集だけやろう」などと、毎日小さなタスクを設定し征服していく。

そうやって一つひとつクリアしていくことで、常に達成感を味わうことができ、ますますやる気が出て、さらに集中力を高めてくれるというわけです。

11 自分の「限界記録」を更新し続けよ

仕事のアウトプットを出すのも、資格試験に合格するのも、物事を短時間で済ませるのも、集中力が決め手です。

集中力は鍛えることができます。目の前の仕事や勉強に没頭すれば、集中力も筋肉と同じように発達し、より高度な集中力を身につけられるようになります。

そのトレーニング方法とは、疲れてもうダメだという状態の時に、とにかく気持ちを奮い立たせて**「もうひと踏ん張り」する**ことです。

「もうダメだ、今日はもうクタクタだ。もうこれ以上、仕事ができない」という限界状態の時に、もう一本電話をかける、もう一本メールを打つ、もう一軒訪問する、もう一つ報告書を仕上げる、もう一つ企画のアイデアを絞り出してみる、というふうに、最後の集中力を発揮して、「もうひと踏ん張り」粘ってみることです。

そうして限界を超えて粘ることこそが、さらに高い集中力、さらに持続する集中力を身につけることにつながるのです。

普通の人がやらない、そうしたちょっとした努力や執着心が、その他大勢の人間に圧倒的な差をつける決定的な要因となるのです。

この言葉を紙に書いて会社のデスクの前に貼っておいてください。

「限界からの〝もうひと踏ん張り〟が効くか否かが並の人間と偉大な人間との差である！」

12 なぜ〝仕事の速い人〟ほど「アウトプットの質」が高いのか

全力疾走し続けられる人は、そう多くありません。

バーンアウトして（燃え尽きて）しまったら、元も子もありません。そこで、疾走スピードを速め、短時間で多くの仕事をこなせるようにしたいものです。なぜなら、**全力時のスピードを速められれば、「流して」こなす時のスピードも速くなる**からです。

では、全力時のスピードを速くするにはどうすればよいか。それは**量をこなす**ことです。全力を出しても苦しい、というくらいの、大量の仕事を短時間でこなす経験を積むのです。

一時間に百件の伝票を入力する、一晩で五十ページのプレゼン資料を作る、ネット検索でDM送付先リストを一日二百件作る、一週間で三十冊の本を読む、一カ月で原稿用紙三百枚の論文を書く……。

全力で量をこなすとトップスピードが高まり、普段のスピードも速くなります。普段のスピードが速くなれば、全力を出さなくても相応のクオリティが出せるのです。

「スピードと質は相関する」とよく言われる所以でしょう。

優秀な外科医ほど素早いメスさばきができるそうですが、素早く手術をしなければ、出血量が多くなり患者が危険にさらされるという一面があるからだと思います。

料理のシェフは手際よく料理をしなければ、冷めたり火が通り過ぎたり乾いたりして、料理の味を落としてしまいます。だから一流シェフほど素早く調理や盛りつけができるのでしょう。

才能がほどほどでも、全力で「量」をこなせば必ず「質」に転化します。そして、できれば二十代の早い段階、遅くとも三十代の初めにこういう経験をしておくことが大事です。

面倒くさがらないで、自分のキャパぎりぎりまで仕事を引き受けてみましょう。

13 モチベーション維持に効く「合言葉」

仕事ができる人は、快活でポジティブな人が多いようです。

どんなに優秀でも、いつも否定的で後ろ向きな思考をしていては、チャンスを逃します。

そして、ポジティブシンキングは、性格や価値観に由来するものと思われがちですが、一種のスキルであり技術ですから、訓練で誰でも身につけることができるのです。

長い人生の中では、いいことも起こるし、もちろん悪いことも起こる。しかし、それは一過性の出来事にすぎず、すぐに過去のものになります。だから、悪いことがあってもいいように解釈する。どんな出来事でも自分にとってはオールOKですよ、とどっしり構える。

ハッピーエンドの物語には、必ず途中に苦難が待ち受けています。ウルトラマンも必ずピンチになります。だからこそ、ハッピー度が高まるとも言えます。

そこで、**「だから、いいんです！」を合言葉にする**のです。

「新規契約がとれない」↓「だからいいんです！　やり方を変えろということだから」

「お金がない」↓「だからいいんです！　お金を使わずにできる方法を工夫できるから」

「時間がない」↓「だからいいんです！　タイムマネジメント力がつくし、短時間に集中しようとするから」

「会社はアホだ」↓「だからいいんです！　自分がエースになれるから」

「上司が無能だ」↓「だからいいんです！　自分が先んじて提案すれば、好きなように仕事ができるから」

「自分はモテない」↓「だからいいんです！　外見や内面に気を使えという意味だから」

何か悪いことが起きても、「だからいいんです！　なぜなら……」と考えるようにしてみましょう。端的に言うと、**「現状を素直に受け入れ、健全に開き直る」**ことです。これが意識してできれば、モチベーション維持は容易になります。

僕もよく落ち込むことはありますが、それは一時的ですぐに立ち直れるようになりました。逆境が逆境でなくなるので、焦ったり困ったりして無為に過ごす時間も少なくなりました。こうなるとストレスから解放されて、穏やかな生活を送れます。

14 努力が〝習慣〟になる「仕組み作り」

歩き方一つで、筋肉のつき方が変わり、その結果として代謝能力が変わり、その結果、体重や体型が変わってしまうそうです。

習慣というのはよい意味でも悪い意味でも非常に強力で、まさに**習慣が人生を作る**と言っても過言ではありません。

しかし、僕を含めて、多くの人は怠け者で、一度すると決めたことも長続きしません。だからこそ、いやでも習慣になってしまうような**「仕組み作り」を工夫**しなければならないのです。例えば歩き方を矯正するために、専用のインナーソールを靴底に入れておけば、意識しなくても正しい歩き方ができるようになります。

つまり、自分の意志だけで習慣を変えるのはとても難しいので、「自動的」に望ましい習慣が身につく仕組みを作ってしまおう、というわけです。

僕が不動産投資のためのタネ銭となる三百万円を貯められたのは、自動振替《ふりかえ》という銀行の仕組みを利用したからです。給料が振り込まれると、すぐさま容赦なく別口座に移されます。強制的に、残されたお金で生活することになります。まさに自動的、オートマティックに自己資金が貯まっていきました。

早起きするために目覚まし時計を二、三台用意する、という工夫をする人は多いですが、何日か経って慣れると、目覚まし時計を止めて、そのまま二度寝をしてしまいます。

僕の友人は、そこをさらに工夫して、防水の目覚まし時計を風呂場に置くことを思いついたそうです。目覚まし時計のアラームが鳴っても、風呂場まで行かないと目覚ましを止められません。そしてそのまま熱いシャワーを浴びて目を覚ます、というアイデアだそうです。

朝のジョギングを習慣にするために、ジャージを着て寝る人もいるそうです。起きたらそのまま走りに出られるというわけですね。

15 「未来の自分」を作る〝先行投資〟を惜しむな

僕が米国公認会計士の受験勉強をしていた時は、土日は朝から晩まで専門学校の自習室にこもっていました。自宅ではついテレビを見てしまいますが、そこにはもちろんテレビはありません。周りは全員受験生ですので、自分も負けるものかとがんばります。

そうやって勉強せざるを得ない環境に身を置きました。それに専門学校は自宅から遠かったため、はかどらないからといってすぐに帰るわけにもいかず、しかたなく（？）勉強がはかどったというわけです。

企画書を作らなければならない時、あえてホテルの部屋をとってこもるのも、「せっかくお金を払ったので元はとらなきゃ」という心理で集中する効果を狙ってのことです。

一泊一万円のビジネスホテルは、クオリティの高い企画書や原稿というアウトプットを生むための投資というわけです。

その他、読破したい本がたくさんある時は、本だけ持って電車に乗ると、他にすることがないので読書に集中できます。

しかし、こうした行動レベルの習慣であれば解決策を出しやすいですが、僕たちが重視しなければならない「考える」を習慣にするのは、ちょっと難易度が高いかもしれません。そこでどうやったら「考えざるを得ない環境」を作るかが知恵の見せ所になります。

他人に宣言して自分を追い込む、というのは昔からよく言われている効果的な方法です。例えば僕の友人は、有料メルマガを出すことで「考えざるを得ない環境」を作り出しているそうです。

無料メルマガなら多少サボっても怒られませんが、読者からお金をもらっている以上、料金に見合うクオリティと約束した発行頻度を守らないと、解除とクレームの嵐になります。だからどんなに忙しくても、疲れていても、考えて書くことになるそうです。

それが一カ月も続くと、メルマガを出さないことが気持ち悪い、出さない自分が許せないとなって、習慣化に成功したそうです。しかも、それが自分自身のトレーニングになりながら、お小遣いも稼げると一石二鳥だったそうです。

自分のマシンの性能を高めるためには、努力し続ける意志の強さに加えて、**「挫折しない環境作り」**が重要です。そのためには、ちょっとした出費や時間や労力は、**「必要な投資」**として捻出してください。

Chapter 3

稼ぐ人の「人生戦略」ノート

Q.1

あなた自身の仕事上の「課題」を 20 個あげてください

例) プレゼンが下手

- ◆
- ◆
- ◆
- ◆
- ◆
- ◆
- ◆
- ◆
- ◆
- ◆
- ◆
- ◆
- ◆
- ◆
- ◆
- ◆
- ◆
- ◆
- ◆
- ◆

Q.2 仕事上の課題に対する「今日からできる」具体的な「解決策」を、それぞれあげてください

例）事前に5回は予行演習
　　自分のプレゼンをビデオに撮って検証する

◆ ……………………　◆ ……………………
◆ ……………………　◆ ……………………
◆ ……………………　◆ ……………………
◆ ……………………　◆ ……………………
◆ ……………………　◆ ……………………
◆ ……………………　◆ ……………………
◆ ……………………　◆ ……………………
◆ ……………………　◆ ……………………
◆ ……………………　◆ ……………………
◆ ……………………　◆ ……………………

Q.3 あなたが習慣にしたい「集中するためのルール」を10 個あげてください

例) 午前中は誰とも会話せず自分の業務に没頭する

◆

◆

◆

◆

◆

◆

◆

◆

◆

◆

《人生戦略④》「問題解決力」を劇的に高める

誰でもやりがいのある仕事をしたいと考えています。面白い仕事をしたい、付加価値の高い仕事をしたいと思っています。もちろん仕事とは本来、面白いものです。だってお客様に喜んでもらってお金をもらうのが仕事の本当の姿ですから。

しかし、「楽しい」仕事とは、「ラク」な仕事ではなく、むしろしんどいことの方が多いのです。考えてみてください。世の中にあるラクな仕事ほどつまらないと思いませんか？

例えばコピー取りや宛名書き、荷物の箱詰め、買い物のお使いなどの仕事はラクですが、楽しいと感じる人は少ないでしょう。

なぜなら、そこには責任が伴わないからです。多くの人から喜ばれる価値が生み出されないからです。責任の小さな仕事、価値を生み出さない仕事というものは、思考力や決断力を必要としません。つまり、頭も使わないしプレッシャーもかからない。そんな仕事は自分の能力の範囲内で簡単にこなせるので、自分がそれ以上に成長することもないのです。

1 「モチベーションの高さ」と「価値を生み出す力」は比例する

責任を伴う仕事、価値を生み出す仕事というのは、工夫や決断を要する仕事です。これは、頭を使うしプレッシャーもかかるし、困難も伴います。ぶちあたる壁も大きく分厚いものです。そして周囲から期待される度合いも大きい。

しかし、こうした仕事に取り組んでいる時、あるいは困難を乗り越え仕事を成し遂げた時、周りから感謝され、人間として成長し、その成長を実感して本当に楽しいとか充実しているとか感じるのです。

「それはわかった。ただ、日常のルーチンワークをしていて、自分が成長しているかどうか、周囲の人から感謝されているかどうかを実感できる機会は少ないのでは？」

確かにそうかもしれません。

であれば、その仕事に意味を持たせ、自分が成長しているのを実感できるように工夫することが必要だと思います。自分が成長するような仕事のやり方を常に追究しなければ、どんな仕事であっても、いずれはマンネリになって面白くなくなりますし、付加価値を生み出し続けることはできません。

「重いものを持ち上げる仕事は、お金をもらってもイヤだ」と思いますよね。でもスポーツクラブでは、皆お金を払って嬉々として重いものを持ち上げています。

要するにすべては考え方だということです。自分のやっていることに意味を見出そうとすれば、工夫が生まれるし、モチベーションも維持され、面白くなる。

マンネリで飽きた……僕が以前そう感じた時を振り返ると、その仕事の意味や影響力、その先にいる顧客の喜びを発見しようとする意識を忘れていただけのように思います。

仕事や職業そのものに、最初から「面白さ」や「やりがい」などが備わっているわけではないのです。同じ仕事をしていても楽しいと感じながらやっている人もいれば、嫌々やっている人もいるでしょう。**面白さもやりがいも、そして付加価値も、それを付与することができるのは、あなた自身であって、あなた自身の考え方**によるのです。

ものは考えよう……そう言ってしまうと身もフタもないのですが、普段から意識して、そういう思考特性を習慣にできれば、行動も変わり、結果として人生も変わるのだと思います。

2 「主体的」に関わるほど仕事は面白くなる

僕がコンビニで働いていた時、残業も休日出勤も、全く苦にならない時期がありました。むしろ、とてつもないやる気と充実感にあふれ、仕事が楽しくて仕方がなく、休日も会社に行って仕事をしないと落ち着かないというほど仕事にのめり込みました。

今なら面倒でやりたくないと感じる仕事でも、当時は勉強になるからとどんどん取り組み、残業代が出なくても、昇給昇格に関係しなくても、とにかく何も気にとめることもなく、仕事に没頭しました。

そこまで僕を突き動かしていたのは、「会社をもっとよくしたい、僕が変えるんだ」という使命感でした。この使命感は、裏返すと**「当事者意識」**です。

誰かが何か新しいことをやろうとしている時、あるいは何か新しく会社の方針が出た時、決まって、

「あんなやり方は意味ないよな。なんでウチの会社はこんなにバカなんだろう」

「よくやるよ。何であんなにがんばってんのかねー」

と言う人がいます。

もし自分の部下や後輩、先輩、同僚がこんなことを言っているのを聞いたら、どう感じるでしょうか。そして振り返ってみてください。あなたも会社や他者に対して、そんなことを言ったりしていませんか？

「当事者意識を持つべし」

優秀なビジネスパーソンなら必ず口にする言葉ですが、ついつい「評論家」になってしまう自分がそこにいるものです。

しかし、仕事とは主体的に関われば関わるほど面白くなるものです。そして懸命に働く姿は、誰から見てもかっこよく、周囲を感動させるものです。

斜に構えて、言われたからとりあえず片づける、ルーチンワークをこなす、というスタンスでは、当然のことながらやりがいを見出すことも、新しい価値を創出することもできません。言われた仕事をやるだけの方がラクですが、**「やらされ仕事」は何をやっても面白くない**のです。

3 〝依存心〟があるうちはプロになれない

当事者意識を持つのは心がけ一つなのですが、コツがあるとしたら、「私にできることは何だろう？」「僕がやるべきことはないだろうか？」と常に自分に問いかけることです。「自分がやらなければ、誰がやる！」という意識を常に持つようにするのです。

評論家は無意識のうちに、「自分がやらなければ、誰かがやる」という他人に甘える依存心に冒されています。そんな意識では、会社の方針や他人のやっているこ

とを論評する資格はありません。

会社で不満を口にするのであれば、その後に続けて「私にやらせてください。私ならもっとうまくやれます」と言えるかということです。

何か企画を立てる場合でも、当事者としての視点で思考をしないと、「言っていることはごもっとも」でも、乾いた提案や机上の空論に終わってしまいがちです。「じゃあ、お前がやってみろ」と言われてもしりごみしてしまうでしょう。

だから、もし自分がその立場に置かれたら、どう考え、どう判断し、どう行動するか、をシミュレーションして考えるようにするのです。

『ドラゴン桜』というマンガの中に、こんなシーンが出てきます。破産状態の学校を建て直して、進学校にしようとする主人公の弁護士、桜木建二を前に、男子学生が「勉強なんて冗談じゃねえ。ルールなんてくそくらえだ」と反抗します。

これに対して桜木建二は、「ルールを無視するヤツはプレーする資格はない。世の中からさっさと退場しろ。そのルールが気にくわないなら、自分でルールを作る側に回れ！」と叫び、男子学生はぐっと口ごもってしまいます。

これは、社会のルールは守れという意味の他に、傍観者になるのではなく、主体性や当事者意識を持てという意味です。

「スポーツは見るだけじゃなく、やるもの」
「教わるだけじゃなく、教える側に回れ」
「テレビは見るものじゃなく、出るもの」
「本を読むだけじゃなく、書く側に回れ」

どの世界も、誰かの活動を勝手な理屈で評論する人よりも、「自分は何ができるか、何をすべきか」を考える、**行動を起こす当事者**こそが世の中を変えるような価値を提供できるのです。そしてそういう人こそ、**本当のやりがい**を手にできるのです。

4 「経験値」を積み上げないと見えてこないこと

自分らしく生きたい、個性を尊重してもらえる会社で働きたい、という声をよく聞きます。親や教師や評論家、果ては政治家に至るまで、個性を伸ばすべきだとか、自分らしい生き方ができる社会にすべきだとか主張しています。

もちろん、その考え方自体は非常にすばらしいと思います。しかし、そもそも自分は何ができるのか、何が得意なのか、何が好きなのか、どういう時に充実感や高揚感を得られるのかを知っていなければ、やりたい仕事など見つかりはしません。

また**自分が持っているものを、「世の中に貢献できる価値」として証明できなければ、「自分らしさ」「個性」など単なるわがまま**になってしまいます。

小さな意思決定ならば、自分の興味の赴くままにできるかもしれませんが、大した経験も情報もない段階では、本当にやりたいことを見つけるのは難しい。

そもそも自分の職業や方向性を決める、という大きな決断をする時には、当たり前ですが、その判断材料が必要です。会社でも大きな方針決定に際しては、将来性や採算性はもちろん、競合他社やマーケットの動向といった情報を集め、事業経験のある経営幹部が決断するでしょう。

つまり、知識や経験という判断材料がないと、本当にやりたいことなど決めることはできないのです。

ジョブホッパーがなぜジョブホッピングを繰り返すかというと、彼らはそもそも情報収集が浅いのです。

例えば、ひとくくりに医者と言っても、開業医か勤務医か、外科医か内科医か、臨床医か研究医かで、全く異なります。同じ営業職といっても、ルートセールスか飛び込みか、情報提供型かコンサルタント型かなど、会社によって営業職の業務内容は違うし、商品によっても異なります。

同じ職業でもそれほど千差万別なのですから、感覚だけで就職すると、「やっぱり違った」となります。

また、仕事はスポーツと同様に、ある程度まで上達しないと、本当の楽しさは実感できません。ドリブルも満足にできないのに、バスケットボールが本当に楽しいと感じるでしょうか。

にもかかわらず、自分に合うか合わないかを見切るのが早く、その仕事の本当の醍醐味を感じる前に、結局「この仕事は面白くない」「自分には合わない」「いつまでこんなことをやらせるんだ」と、辞めていくのです。

自分らしさというのは、価値観や信念から出る「型」であり「スタイル」です。その価値観や信念というのは、簡単に作り上げられるものではありません。いろいろな情報を見聞きし、経験を積み上げて、できてくるものです。**自分らしさを見つけ、世の中に貢献する価値を生み出すためには、人一倍の学びと経験が必要**なのです。

5 「視点の高さ」が〝到達できる場所〟を決める

「計画された偶然によるキャリア形成」という理論をご存じでしょうか。「ハップンスタンス・セオリー」という、アメリカで提唱されたキャリア理論ですが、「人のキャリアの八〇%は偶然で決まる」というものです。

誰かががんばっている自分を見て評価してくれる。人を紹介してくれる。**キャリアのチャンスというのは、それを受け入れる準備ができた時に突然やってくる**ということなのでしょう。

今の仕事は「自分のやりたいこと」ではないと感じていても、それで投げ出したり手を抜いたりするのではなく、とにかく期待された以上の成果を出すにはどうすればよいか、何か自分ならではの新しい価値を創造できないか、自分の頭で考えながら取り組むことです。部長や社長の立場を想像し、「一段高い視座」でモノを見て行動するのです。そうやって常に昨日の自分を超えることにこだわるのです。

プロテニスプレーヤーのマリア・シャラポワ選手は、インタビューでこう答えていました。

「目標にする選手？　いないわ。だって、私は私自身が強くなった姿しかイメージしていないから」

キャリアの広がり、人生の広がりというのは、見ている視点の高さで決まるのでしょう。彼女のような強烈な自己ヴィジョンと行動の連続が、能力を引き出し、人との出会いを生み、偶然を引き寄せ、将来を切り開く原動力になっているのだと思います。それはもちろん、僕たちにも当てはまります。

6　意欲・能力がある人ほど〝評価制度〟を気にしない

環境の変化や会社の体制の変化にも、反発するのではなく、恐れるのでもなく、無視するのでもなく、迎合するのでもなく、**「自分が目指すプロの仕事人なら、どう考え、どう対処するだろうか？　何を生み出せるだろうか？」**と、もう一人の自分を設定してみてください。

僕は今までにたくさんの優秀なビジネスパーソンに出会ってきましたが、彼らの共通点の一つが、**「会社の人事評価や査定などは全く気にしていない」**ということです。

先に紹介した二十八歳で年収二千五百万円の契約社員の女性は、「そういえば会社の人事評価なんて気にしたこともないし、評価基準もよく知らない。私の仕事は顧客に評価されて初めて意味がある。顧客に高い価値を提供することが、結局は社内の評価にも収入にも反映されるわけだから、人事評価などを気にしている暇はない」ということでした。

例えば、「来期から人事評価が完全成果主義になるらしいよ。同期でも数百万の差がつくらしい」と同僚から聞いた時、あなたはどう反応するでしょうか？　普通の人なら、「エ〜、しんどくなるな〜、まったく……」と感じるかもしれません。

しかし、意欲と能力のある人材は、評価制度がどう変わろうと関係ありません。プロとして顧客に尽くす人、価値を生み出すことに尽力する人は、評価制度などに振り回されないで成果を出そうとします。

もちろん、組織でやる仕事には役割分担が求められますから、やらなければならない仕事はもちろんやらなければなりません。しかし、評価という縛りから解放されると、顧客から感謝される仕事や自分が充実を感じる仕事を自律的にやるようになります。

尽くすのは会社ではなくて、仕事そのものや顧客に対してです。スタッフ部門であれば、自分の顧客は社員ですから、彼らに喜んでもらう仕事をする。顧客に喜ばれる仕事をする人は、時代が変わっても評価制度が変わっても、誰からも求められ、会社としても手放せない人材なのです。

もっとも、目先の評価を超越して取り組むことが大事とはいえ、完全に無視してしまうということではありません。

例えば営業であれば、毎月の数字は達成する、という当たり前のことはきっちりこなすことが前提です。昇格試験があれば、それは普通に勉強してきっちりパスする。経理であれば日々の経理処理はソツなくこなすことが必要です。

会社から評価されるから仕事をする、評価されない仕事は力を入れない、というのでは、会議で誰も発言しなくなってしまいますし、オフィスの床にゴミが落ちていても誰も拾おうとしないでしょう。

様々な場面で「自分は誇り高きプロフェッショナルか？」と自分に問い続けると、今日も安心して寝られる仕事しかできないものです。

7 「問題解決力」＝「仮説立案力」＋「共感力」

経営コンサルタントをしていた僕の同僚は、全く知識も経験もない分野に、高待遇で次々と引き抜かれていきました。それは、高い問題解決力を買われたからです。

問題のない企業はありません。しかし問題の原因を発見するプロセスや、それを解決する方法を導くプロセスは、どの業界でもどの会社でも、そう大きくは異なりません。

そして問題解決力というと、すぐに論理的思考力が思い浮かぶかもしれませんが、実は**「想像力」こそが非常に大切**なのです。

具体的に言うと、**問題の本質や解決策を考え出せる「仮説立案力」**や、**相手の目線で考えることができる「共感力」**です。

「仮説立案力」については、言わずもがなだと思いますが、「共感力」がなぜ問題解決力につながるのかと疑問に感じる人も多いのではないでしょうか。

すべての仕事には顧客が存在します。

そしてその顧客は一〇〇％「人」ですから、相手の気持ちになって考えることのできる人は、未経験の仕事でも、すぐに顧客の不満や悩みを理解し、一瞬で顧客の懐に飛び込めるのです。

恋愛でも、自分は女（男）ではないけれど、相手がどう思っているか、こうすると相手はどう感じるか、相手の気持ちを考えてあげようとしなければ成り立ちません。そこをうまくできる人が、いわゆるモテる人です。

体の具合が悪くて病院に行った時のことを思い出してみてください。

医者の「ここを押すと痛いですよね。でも大丈夫ですよ」「今は苦しいと思いますが、この薬を飲んでいればすぐによくなりますよ」という言葉に安心した経験を持つ人も多いと思います。

的確な治療という技術面ももちろん大切ですが、患者の身になったアドバイスができる医者だから「名医」と言われるのです。

スターバックスも、ラテの作り方にはマニュアルがありますが、接客のマニュアルはないそうです。従業員一人ひとりが、その場その場に応じて自分で考えながら適切な接客をしなさい、という考えなのだそうです。

高級ホテルも同様だそうですが、だからこそ「いらっしゃいませ、こんにちは」などという機械的で違和感のある対応ではなく、自然で気持ちよく受け入れられる接客につながり、相手を満足させることができるのでしょう。

8　状況を「先読み」する想像力が大切

客が店内できょろきょろしているのに、声をかけない店員がいます。コピーを取りながらコピー機の前でボーッと突っ立っている社員がいます。クレーム対応で言い訳をして、さらに顧客を怒らせる人がいます。

この人たちの共通点は、「想像力がない」ことです（あえて怠けている人は別として）。

客が店内できょろきょろしているということは、何かを探しているか、困っていることがあるのだろうと普通は想像できますが、それができない。ちょっと考えればコピーを取りながら他の仕事を並行してできるはずですが、そこまで考えが及ばない。どう言えば顧客が怒り、どう言えば顧客の怒りが収まるか相手の身になって考えられないので、軽率な発言をしてしまう。

想像力がない人は、一事が万事こういう調子で、周囲の人をイライラさせます。想像力がないと、先回りして対応することができません。結果として、漏れや抜けが発生する、待ち時間が発生する、二度手間が発生する、重複が発生する、となってしまいます。いわゆる「段取りが悪い人」というのは想像力が乏しいのです。

逆に**想像力が豊かな人は、非常に段取り上手**です。仕事に手をつける前に、全体像や結果をイメージしてから取り組みます。「こうやったら、こうなるだろう」と常に因果関係を考えるので、準備すべきことや手順が明確になっています。

営業活動一つとっても、相手の求めていることを想像して常に先回りします。相手がどう感じるかを考えながら会話をします。だから、顧客に振り回されないしクレームも少ない。むしろ顧客は「痒いところに手が届く人だ」とファンになります。

◆「想像」から「創造」につながるトレーニング

繰り返しになりますが、ビジネスパーソンに必要な問題解決力の向上には、想像力が極めて重要なのです。

そもそも、問題解決に必要な「仮説」を立てる力は、想像から始まるからです。こうしたらこうなるかも……と頭の中で何通りもシミュレーションすることで思索が蓄積され、自分の知識・経験が相互に結びつき、全く新たな着想が生まれることもあります。

つまり、仮説を立てることは想像から創造につながるトレーニングになるということです。

「想像力」を働かせるためには、その対象に興味を持ち、共感しようとすることが前提条件です。

嫌味な人でも「なんという不思議ちゃん」、嫌いな上司でも「まれに見る変態生物」、つまらない仕事でも「情熱系プロジェクトに変換するゲームだ」などと考え、少しでも面白くしようとしてみる。

そうやって工夫しながら自分の知的好奇心を刺激することで、対象物に興味が湧き、想像することがあまり苦ではなくなります。

想像力が豊かであれば、自分が富裕層でなくても富裕層向けのビジネスはできるし、子育ての経験がなくても、保育サービスの提供もできます。相手の立場、視点、考え、感情を想像すれば、相手のニーズを汲み取ることができ、すばらしいサービスや価値を提供でき、顧客から信頼されるのです。

業務上の知識は教育で高めることができますが、想像しようとする意欲は教えて身につくものではありません。つまり、本当の「問題解決力」は教えられて身につくものではないのかもしれません。

だからこそ、自分自身で常に意識しなければならないのです。今すぐ「習慣にしたいことリスト」の中に「自分がそう言われてうれしいか？　を常に問う」「自分がそうされてうれしいか？　を常に問う」を書き加え、ケータイの待ち受け画面や手帳に書くなどして、常に想像することを忘れないようにしましょう。

Chapter 4

稼ぐ人の「人生戦略」ノート

Q.1

あなたの周りにいる優秀な人の「口ぐせ」を10個書き出してください

例)できないとは決して言わない

◆
◆
◆
◆
◆
◆
◆
◆
◆
◆

Q.2 自分の仕事を「ハイプレッシャー」にするための工夫をあげてください

例）絶対この仕事はとってくる！　と公言する

Q.3 あなたが習慣にしたい「自分の仕事を面白くするためのルール」を10個あげてください

例）自分の仕事を本にして出版する前提で働く

◆

◆

◆

◆

◆

◆

◆

◆

◆

◆

《人生戦略⑤》どこでも通用する「自分ブランド」を確立する

1章で、**どこでも通用する人材とは「自分ブランド」を確立した人**、という話をしました。この章では、「いかにして自分の強みを発揮してブランド人になるか」について具体的に書いていきたいと思います。

さて、ブランドと聞くと、何を思い浮かべるでしょうか。おそらく多くの人が、会社名や製品のブランド名を思い浮かべるでしょう。

エルメス、ティファニー、ナイキ、レクサス、フェラーリ、ボーズ、ロレックス……。

もちろん、ユニクロや吉野屋の牛丼、というのもブランドという意味では同じですが、パッと思いつくのはいわゆる「高級ブランド」が多いと思います。

では、こうした高級ブランドに共通するものは何でしょうか。

1 ブランドとは「信頼の約束」

まず、ブランド品は世の中の景気が好況か不況かにかかわらず売れます。他の商品よりもちょっとくらい値段が高くても売れますし、むしろ高ければ高いほど価値があるというブランドもあります。それに、「値引きしろ」と言ってくる客もほとんどいないですし、ちょっとくらい問題が起こっても、「社長を出せ」などとややこしいクレームをつける人もほとんどいません。

なぜなら、高級ブランドは、一般所得階層の顧客ではなく、いわゆる富裕層やお金持ちが顧客層の大部分を占めているからです。

また、**「心理的な心地よさ」を提供**しているのもブランドの特徴です。

例えばドイツの高級スポーツカーメーカーであるポルシェの主力車種は、軒並み一千万円以上しますが、毎年販売台数を伸ばして最高益を更新中です。同等性能を持つ日本車と比較すると三倍以上の値段ですが、車内装備や燃費をはじめとする機能面では、日本車の方が圧倒的に優れています。それでもポルシェが売れているのを見れば、そこには**人の感情を刺激する何かがある**ということは容易に想像がつきます。

そこには、「走る・曲がる・止まる」という車の基本性能を高次元で実現させていることに加えて、踏めば瞬時に加速する屈指の動力性能という、他メーカーにはないプレミアム性があるのです。

そして、そういう車を所有し、その車が自分の生活の一部になっている満足感、そういう車を運転している自分のスタイルやセンスに酔うことができる優越感……。

「ブランドとはもてなしの心」と高級ホテルのリッツカールトンでは考えられているそうですが、近年、人々は**「機能」よりも「エモーション」に高い価値を見出す**ようになってきているようです。だから、「いい気持ちにさせてくれる」ブランドの商品を、高いお金を払ってでも買いたい、サービスを受けたいと考えるのでしょう。

さらにブランドの特徴には「希少性」があります。ブランド品は高品質にこだわり、あえて大量生産はしないし、できないのです。「限定」モデルに人気が集まるのもうなずけます。

そして、ブランドには「一貫性」があります。**「ブランドとは、信頼の約束」**と言われるくらい「期待を裏切らない、期待以上」の商品・サービスを常に送り出します。

先ほどのポルシェで言うと、「遅い」ポルシェになど価値はありません。「このクルマでしか味わえないドライビング・エクスペリエンスがある」という約束を破ってはいけないのです。

他にも、ストーリー（物語性）やフィロソフィー（理念・信条）といった要素もあります。こうした要素は高いブランドロイヤリティを生み出し、熱狂的なファンを生みます。ブランドを築くことによって、集客がラクになります。優良な顧客が増えます。高い価格でも買ってもらえるようになります。

2 〝引っ張りだこ〟の人材になる条件

そしてブランドとは、コーポレートブランドやプロダクトブランドだけではありません。個人にもブランドはあり、それは**パーソナルブランド**とか**個人ブランド**と言われます。

例えばあなたに、
「彼はいい仕事をする」
「彼女は優れた成果を出す」
という評判が立てば、「あなた＝優秀な人材」から「優秀な人材＝あなた」となり、あなたは「優れた人材」の代名詞になります。

そうすると、同じ職種に就いている人たちの中でもひときわ高い年収を得ることができますし、新事業や新プロジェクトに優先的に抜擢されるようになります。他社もあなたを欲しがり、ヘッドハンティングされる可能性も高まります。

そして**ブランド力のある人材になれば、あちこちから引っ張りだこ**となります。

例えば錦織圭やイチローをはじめとするプロスポーツ選手はもとより、レディー・ガガやビートたけしといった芸能人、ビジネスの世界でもカルロス・ゴーンや大前研一などは、個人としてはトップブランドを持っています。

誰もが彼らを知っていて、誰もが彼らにあこがれます。誰もが彼らに会いたいと思うし、話をしてみたいとも思う。テレビ出演や広告宣伝、原稿執筆の依頼が引きも切らない。講演に呼べば、その講演料は一回数百万円はくだらないという状況です。

もちろん、ブランドはこうした超有名人だけではありません。街角のラーメン屋の店主だって地元で有名になり、「うまいラーメンと言えばあそこ」とブランドを持っている人もいます。一般人でも、ブログから有名になったり、投資で儲けてマスコミの取材を受けるようになったりした人も数多くいます。

3　会社員が「自分ブランド」を築くメリット

「自分ブランド」を築くということは、自由を得て、自分らしく生きるためのパスポートを手に入れることです。そして、もちろん普通の会社員であっても「自分ブランド」を作ることは可能です。会社員がブランドを築くと、自分の思い通りに仕事を進められるようになります。他の誰もがあなたの能力を認め、信頼してくれるからです。上司からもあれこれうるさく指図されることがなくなります。年俸や昇給の交渉がラクになります。新規事業などのチャレンジングな仕事に抜擢されやすくなります。年齢に関係なく転職だってできますし、定年退職後も活躍できる分野が広がります。

自由に働くことができる環境というのは、

「彼女に任せておけば大丈夫」

「彼なら必ず何とかしてくれる」

「君にすべて任せるから、好きなようにしなさい」

「予算も部下もつけるからウチに来てくれ」

「辞めたい？　ちょっと待て。給料は一・五倍出す。マンションも会社で借り上げるから考え直してくれ」

「え、今の会社辞めたいの？　じゃあ、すごい会社があるから紹介するよ」

「ボランティアでもいいので、ぜひあなたの手伝いをさせてください」

という状態のことです。こういう状態にできれば、事業家はもちろん、たとえ雇われの身であっても、まさに自由。だから、あなたもブランドを持つ人材になろう、と言いたいのです。

4　成功する人は「自分の評判」をコントロールしている

僕がコンビニで働いていた時、社内ブランドを高めることの重要性を痛感しました。

スーパーバイザー（ＳＶ）として加盟店の経営指導をしていた頃、情報共有の一環として、各ＳＶが担当店舗で取り組んだ成果を「成功事例」として社内で共有する活動が盛んでした。

そこで、僕も普段から担当店に指導していた内容を事例として報告したら、なんと優秀事例として、全国のＳＶが一堂に集まる全体会議の場で発表することになったのです。

全体会議で発表できるのは非常に名誉なことで、上司も同僚も認めてくれますし、面識もない他のＳＶからも一目置かれ、声をかけられるようになります。

このような**「人前に出る」ことを重ねて社内で有名になる**と、他部署の協力が得やすくなります。普段はあまり交流のないシステム部門や建設部門に電話しても「あ、あのゴドウさんですか」と名前が知られており、ちょっとした無理や例外的な対応も受け入れてもらいやすくなったのです。

その他にも、社内の重要プロジェクトには何かと声がかかるようになりましたし、ちょっとした発言が重みを持って受け入れられるため、社内での説得もラクになったのです。

もちろん、目立つだけではなくて、並行して実績を上げていれば、多少のポカやミスは「仕方ないな」と大目に見てもらえるようになります。これは非常に仕事がしやすいと感じました。

そこで僕は、自分の取り組みが正しいかどうか不安な時は、こうした状況を作るようにしました。つまり、**日常の活動で大きな実績を出し、そこで認められた後、その余韻を利用してリスクの高い取り組みをするようにした**のです。ここでたくさんの失敗をして、自分の中の引き出しの数を増やしていきました。

普通に損失を出せば会社から目をつけられるだけですが、目立った活躍をした後なら文句を言われにくいのです。しかも、**会社のお金で勉強できるという、非常にすばらしい環境**を手に入れることができました。

このように、自分は社内でどういう評判を得ているかを把握し、評判をコントロールするように意識すると、他部門がからむ仕事も格段にやりやすくなります。

「社内営業に精を出すな」と言われますが、いろいろな力学が作用している組織内で、**自分のやりたい仕事をやりやすいように運ぶには、社内営業を避けて通れないこ**とも多々あります。組織を動かすには権力が必要ですから、**権力をうまく味方につける**必要があります。そんな時に社内ブランドが確立されていれば、調整が非常にスムーズになるのです。

5 「一緒に働きたい」とレベルの高い人間から思われる人材になる

あなたの会社の中に、「あの人はやり手だ」「あの分野なら彼に聞け」「この状況を打破できるのは、あの人しかいない」「とりあえず彼女を呼ぼう」「あの人と一緒に働きたい」と思われている人がいるはずです。

そう思われている人は、社内のブランド人として、確固たる地位を獲得しています。まずはあなた自身がそういう存在になることです。

そうすると、仕事が格段にしやすくなります。

有名な人というのは、社内での発言力もあると思われていますから、皆自分の仕事ぶりを悪く言われないように、無名な人から依頼された仕事よりも一生懸命やってくれます。

また、行きたい部署への異動が実現しやすいし、やってみたいプロジェクトへの参加も認めてもらいやすくなりますし、社内調整や事前稟議がやりやすいというメリットもあります。会社内での信頼性が確保できれば、社外活動についても許可をもらいやすくなります。

リストラとは無縁の存在になりますし、昇進や昇格でも有利です。あなたが課長に昇進できるかどうかは、幹部会議で審議などにかけられて決まると思いますが、いくら自分の上司が推薦してくれても、「誰その人？　こんな人いたの？」という人より、「ああ、彼（彼女）か」と知られていた方が、上司も上に説得しやすいものです。

ブランドとは「約束された品質」のこと。あなたが周囲の人に約束できる品質とは何でしょうか。

社内でブランドを築くことができれば、社外でのブランド構築もやりやすくなりますから、まずは今の仕事の中で社内ブランドを確立することに取り組んでみましょう。

6　社内で「いざ」という時に声のかかる人とは

では、社内ブランドを創るにはどうすればよいのでしょうか。

まずは前述したように、**「人前に出て目立つ」**ことです。

もっとも社内で目立つといっても、いわゆる「イキがる」「出しゃばる」というたぐいのものではありません。

当然ですが、自分に与えられた仕事で期待された以上のアウトプットを常に出す、という基本的なところはきっちりこなす。コピー取りや電話応対も満足にできない人に、重要な仕事を任せるわけがありません。**〝満足に〟というのはもちろん〝期待以上に〟という意味**です。「こんな集計もきちんとできないのなら、まだ他の仕事は任せられないな」と上司や先輩なら考えますから。

そして、声をかけやすい人になること。社内の有名人は、声をかけやすくフットワークが驚くほど軽い。面倒くさがらず他部署のために動き、社内で誰もやりたがらない仕事でも気軽に引き受けます。「あっ、私やりますよ」「そういうの私、得意なんで」という**フットワークの軽さと声のかけやすさが、いざという時に声がかかる人の秘訣**です。

もし、あなたがまだ重要な仕事をさせてもらえない、と感じているなら、小さな仕事一つひとつのクオリティを振り返ってみてください。求められているレベルの成果ではなく、それ以上の成果を出さないと、次のステップには進めないものです。

◆自分から「なりたいブランド像」を〝発信〟する

さて、日常の仕事をしっかりこなしながらも、「自分ブランド」を創り上げていくためには**積極的に仕掛けていく必要**もあります。

大切なのは、**あなた自身が意識して「こういうブランドで生きている」と発信すること**です。あなたの口から発せられる言葉には、あなたの強みや哲学を込めることができます。会議やミーティング、雑談や飲み会など、様々な場面で発言し、〝自分がなりたいブランド〟を主張するのです。

「常に差別化を追究する創造力のある人材」というブランドを目指すのであれば、「私は常に差別化を意識しておりますので……」「他社はこういう戦略ですが、我々は差別化戦略として、こういう売り方をすべきだと考えます」などと会議でも発言する。

報告書や企画書なども同様に、徹底的に他社や類似商品を調査して、二番煎じにならない内容を書く。これを積み重ねることで、あなたの価値観がブランドとして浸透します。

考えてみれば、これは会社の社是社訓や事業ミッションを社員に繰り返し説くのと同じですね。

僕は今までいろいろな会社のブランド人たちを見てきましたが、その中で彼らが意識しているもので、僕たちにも真似できそうなものをいくつか紹介します。

◆会議の発表、社内の論文懸賞には積極的に応募

まず、会議での発表を積極的に引き受け、会議では必ず発言しましょう。会議での発表者は注目されますし、各部門長も出席していますから、あちこちに出ているだけでも「あいつはがんばっているな」という印象を与えられます。

そして必ず発言することも非常に重要です。それは**「問題意識の高さの表明」**にもなるからです。

もちろん、トンチンカンな発言をして会議を混乱させるようではいけませんが、発言しなければ、そこに存在する価値がなかったということですから。

ちなみにコンサルティングファームでは、ミーティング（クライアントとのミーティングはもちろん、社内ミーティングも）で一度も発言がない人は、評価は下がりプロジェクトからも外されます。それは、常にチームやクライアントに貢献することが求められるからです。

それから、もし社内報があったら、積極的に記事を書かせてもらい、社内の論文懸賞には積極的に応募しましょう。こうしたことでも十分名前を売ることができます。

何かことあるごとにレポートにまとめ、会社に提案する（煙たがられてもOK。何か有事の際には、「アイツを呼べ」となるものです）。

内容によっては諸刃の剣なので、単なる不満や問題点の羅列にならないよう十分注意が必要ですが、会社の発展や改善を望むあなたの積極的な姿勢は、必ず上司の目にとまるはずです。

その他、採用面接の面接官や、新人研修の講師を引き受けて新入社員への影響力を高めるとか、何か会社が新しいことをやるたびに手を挙げる、という方法もありま

す。

そうした積み重ねがあってこそ、社内で「**うわさの男」「うわさの女」**になれるのです。

7「他者からの評価」に無頓着になるな

さて、社内ブランドを高めるには、**〝他者からの評価〟にも目を向けるべき**でしょう。

他人からの評価を気にする必要はない、というのは僕の一貫した主張です。しかしながら、**自分の時価総額や自分のブランドとしての価値は、結局他人が決めるもの**です。

自給自足の仙人でもなければ、僕たちの生活は他者との関わりの中でしか成り立ち得ないわけですから、周囲からの評価を知ることは必要です。

気にはしなくてよいのですが、無視してはいけません。軽く流してよいのですが、無頓着になってしまってはいけません。

他人からの評価を知るには、周囲の人に聞いてみるのが一番です。

「私の長所と短所をそれぞれ十個ずつ言ってみて」

「私の優れているところと、もっとがんばるべきところをそれぞれ十個ずつ言ってみて」

「ここは頼れるけど、ここは頼りにならないな～というのを教えて」

こうした質問は、仲のよい人ではなく、ちょっと距離のある人にする方が、より客観的な意見が聞けます。ライバル関係にある人とか、（新婚ではない）奥様やご主人に聞くと、さらに忌《き》憚《たん》のない意見が聞けると思います。

自分の上司には、「私に任せたい仕事、任せたくない仕事は何か？　そしてその理由は？」と聞いてみるのもいいですし、月末や期末に面談のある会社も多いでしょうから、そんな時に聞いてみてもよいでしょう。

直属の上司だと気まずいという場合は、以前の部署の上司や他部署の上長に聞いてみる手もあります。事業家は、顧客にプレゼントと引き替えにアンケートに記入してもらう、という方法をよく使いますね。

こうした活動は、今自分がどのような人物として見られているかを知ると同時に、自分の目指すブランドとの一致度合い、あるいは乖離度合いを測り、軌道修正の必要性を探るためにも必要です。つまり、**自分が思う「自分」と、他人が見た「自分」を同じにする**ということです。

自分では「企画を出させたら、いつも何か面白いものが出る人材」というブランドを創りたいのに、「地道で単純な作業をさせたら、誰よりも速く確実にこなす」と周囲からは思われている、としたらどうでしょう。

地道な作業を速く確実にこなす、というのは他人より勝っている自分の得意なこととして理解し、今後も手を抜かないようにします。しかし、面白い企画を出すということにおいてはまだ評価を得られていないので、もっとアピールをしていかないといけない、一つひとつの企画の完成度を、優秀な同僚の企画などを参考にしたりして、もっと煮詰めていこう、などと力の配分や方向性をコントロールしていきましょう。

8 客観的に自分の「市場価値」を把握する

自分の評価を人に聞いてみることは、もう一つ、自分の「弱点」を把握するためにも必要です。なぜなら、弱点もある程度は補強しなければならないからです。

得意分野や好きな分野、これから自分の中心にしていきたい分野を伸ばすために、多くの時間と金と労力を投下する、というのは、選択と集中の考え方から言っても重要なことです。

しかし、**致命的な弱点があると、ブランドにはなり得ない**のです。

「営業力はあるのに細かいミスが多いから、営業部長にはできない」

「プレゼン力はあるのに、たまに口が滑るから、怖くて顧客の前に出せない」

「作業は正確で速いけれど、全体を見る視野の広さがないので、プロジェクトマネジャーは任せられない」

あなたの周りにも、こういう部下や同僚はいないでしょうか。

いくら特定の分野で突出していても、それを打ち消すような欠点があると、とたんにマイナスブランドになり、選択肢が狭まってしまいます。自分の得意分野を活かすためにも、苦手な分野をはなから毛嫌いするのではなく、できるだけ少ない労力で改善していくことが必要です。

とはいえ、こうした周囲の評価は、不愉快で直視したくない内容がほとんどです。「そんなことあるもんか!」と反発したくなるような結果ばかりが待ち受けています。しかしそうした**現実を直視する勇気を持つ**ことで、自分の目指すブランドに近づけるのもまた事実です。

さらに、これからは**転職するかどうかには関係なく、ヘッドハンターとつきあった方がよい**でしょう。彼らは転職希望者を何百人と見てきていますから、今のあなたの市場価値をズバリ指摘してくれます。

僕自身も会社員時代、数名のヘッドハンターと数カ月に一度は情報交換し、その時の転職市場、雇用環境、企業側のニーズなどを把握し、**自分の市場価値を把握する**よう努めていました。

ただ、外部の評価は雑音も多く、時として振り回される危険性もありますが、自分のウリを見失わない範囲で、まずは素直に今の自分の評価・評判を受け入れてみましょう。

9 自分の〝ウリ〟に〝独自性・希少性〟はあるか

自分ブランドは端的に言うと、「自分の存在意義や特徴を一言で表現したもの、自分のウリ」です。

そして、自分の仕事、ビジネスの分野で〝自分のウリ〟が、独自性・希少性の高いものであれば文句なしです。

あなたにしかできないこと、あなたが初めて手がけたという独自性、そしてその価値を出せる人が少ない、その問題を解決できる人が少ない、という希少性です。これはすなわち、「差別化する」のと同じ効果を持つからです。

ダイヤモンドは希少だから価値があると言えます。誰でもすぐに手に入る日用品はスーパーで特売の対象とされてしまうように、誰でもできることや誰でも思いつくことは高い価値を認めてもらえず、ディスカウントされてしまいます。

「あなたの〝ウリ〟はどこにあるのか？」を自分に問いかけてみてください。

例えば、もしあなたの得意分野がパソコンで、勤務している会社にパソコンを扱える人が少ないなら、あなたには独自性と希少性があるということになります。

僕が以前働いていたコンビニにも、「アクセスでデータ分析させたら彼女の右に出る人はいない」という人がいました。

売れ筋や死に筋を把握するため、販売データの分析は不可欠ですが、エクセルでは扱えるデータ量や抽出方法に限界があります。

そこでアクセスの出番ですが、これを使いこなせる人はほとんどいないので、彼女はアクセス使いではトップブランドでした。

コンサルティングファームにも、「パワーポイントの操作がわからない時は、まず彼に聞け」という人がいました。プレゼンや資料作成でパワーポイントは必須ですので、非常に重宝したのを覚えています。

このように、**分野を絞り込んで特化し、徹底的に磨き上げる**ことで、普通の人でも短期間に第一人者になることができます。

例えば弁護士であれば、借金整理とか、株主総会対策に絞り込んでいる人がいます。広告代理店にも、業界に特化した営業マンがいます。人材紹介会社でも、シニア、第二新卒、エグゼクティブ、法曹界、医療人材などに特化している企業があります。餃子専門店の中には、メニューは焼き餃子しかない、という店もあります。「四十代の肌トラブルに効く商品は全メーカーのものを揃えています」というネット化粧品ショップがあります。

こんなふうに、より細かくマーケットを分解し、絞り込んでいくのです。

会社員であっても同様です。営業であれば、法人ではなくリテールの開拓に絞る、リテールの中でも特に富裕層に絞る、その中でもさらに奥様のニーズを汲み取り信頼を得る、などという感じですね。

　自分の強みが発揮できる分野を的確に見極め、烈火のごとく集中することで、いち早く第一人者になれるのです。

10 「コピーセンス」はその他大勢から抜け出すマジック

　もう一つ、自分ブランドを確立する上で欠かせないのが、「コピーセンス」です。

　あなたの「才能・スキル・強み」はどこにあるのかを、センスのよい、もしくはインパクトのあるキャッチフレーズで表現できれば、くどくどと細かく説明しなくても一発で相手に通じるからです。

　「コピー一行」がいかに大きなチカラを発揮するか、僕はコンビニに勤めていた時に、深く実感しました。

　例えば、商品の説明文を書いたPOP広告。店内で販売している商品の売上を上げるために、店員が自ら手作りPOPを書くのですが、僕はエンヤやSPEEDのベストアルバムに「この曲で彼女を落とせなかったらあきらめろ」「鳥肌が立つ感覚に包まれてください」などとコピーを書いて、**全店CD売上トップの成績を上げた**こともあります。

　また、同僚は、あまりおいしくないお菓子を誤って大量に発注してしまい、全く売れず在庫に苦しんでいました。

　そこで発想を変えて、「こんなマズイお菓子食べたことない！　生きているうちに一度は試す価値あり！」というPOPを書いて、**値下げもしないで数百個の不良在庫を一週間で一掃**させてしまったそうです。

　特に、女子高生たちの間で〝バカ受け〟したとか（笑）。

　人の心を動かすコピーや文章を書ける能力、それが「コピーライティング能力」です。

　コピーライティング能力というと、広告宣伝やダイレクトマーケティングのことを思い浮かべるかもしれませんが、事業をやっている人やマスコミ業界に所属している人だけに必要な能力ではありません。**社会生活を営むすべての人に必須の能力**です。

そして**コピーライティングは、自分の世界を広げる重要なスキル**です。

例えば、

＊プレゼンテーション資料をうまく作れると、相手を説得したり仕事を獲得したりしやすくなり、社内の報告書やレポートでも、上司や社内からの評価を高められる

＊転職時にも、履歴書や職務経歴書をインパクトのあるものにすれば、書類選考を通過しやすくなる

＊プライベートでも、個人のブログやメルマガで魅力的なコラムがあれば、アクセス数が増え、時には人脈の拡大につながる

＊メールや手紙でも、相手の琴線に触れる言葉が書ければ、好きな人を射止めたり、会いたい人と実際に会える可能性が高まる

といった具合です。

僕が本を書くようになったきっかけは、出版社の編集者がたまたま僕のメルマガを購読してくれていたことでした。これもひとえに、編集者の目にとまるようなタイトルと紹介文を作ったおかげだと思っています。

11　コピーライティング力を向上させる一番いい方法

こうしたコピーライティングとは、広告に出てくるような短いフレーズやタイトルを作ることだけではありません。**自分を表現する、商品を表現する、気持ちを表現する**、そういう文章も含めてコピーライティングと呼びます。

しかし、多くの人は「自分はそんなセンスはないから」とか「あなたは元々センスがあるからでしょ」などと言いますが、そもそも**センスというのは意識と経験によって醸成されるもの**です。

つまり、トレーニングによって高めることのできる後天的能力なのです。

例えば、生まれたばかりの赤ちゃんは、言葉を理解できません。しかしアメリカ人でも日本で育てば日本語を話しますし、日本人でもアメリカで育てば英語を話します。すべてのセンスが後天的に身につけられるかどうかはわかりませんが、少なくとも言葉の能力は後天的に身につけていくものであることを示す証でしょう。

ということは、**コピーライティングのセンスや能力も、環境や意識、習慣によって磨くことができる**ということです。

では、コピーライティング能力を高めるためには、どうすればよいのでしょうか。実は、ほぼスポーツと同じで、**①手本に触れる↓②真似て自分でやってみる↓③何度も繰り返し練習する**、ということをすればよいのです。

◆①手本に触れる

まずは「手本に触れる」ですが、世の中にはたくさんのコピーがあふれていますから、手本には事欠きません。

例えば雑誌の後ろの方にあるダイエット商品とか、金運に恵まれるアクセサリーや小物の広告を見てみてください。デザイン的にも機能的にもどうかと思える黄色の財布であっても、本当に買ってみたいと思わせる魅力的な言葉が並んでいます。ネット通販やメルマガなども同様で、すばらしい表現の宝庫です。

これらの中で、自分がいいなと思った表現を、断片でもいいのでノートに書き出して、自分なりのストックにしてみてください。

◆②手本を真似て書いてみる

次に、「手本を真似て自分で書いてみる」こと、つまり、自分でコピーを作ることです。これなしにはコピー

ライティングのスキルの向上はあり得ません。例えばビジネスマンなら、

＊転職を想定して自己PR文章を書いてみる（転職指南本の例などを参考に）
＊自分が扱っている商品のチラシを作ってみる（他社のチラシを参考に）
＊社内論文や社内報、各種オープン公募などに積極的に応募・投稿してみる（入選論文などを参考に）
＊自分が得意なことや趣味の分野で、ブログを書いたりメルマガを出したりしてみる（ランキング上位のブログやメルマガを参考に）
＊自分の仕事や趣味の分野で本を書くと想定して、目次を書いてみる（同分野の書籍を参考に）

といった具合です。

最初は、自分の言いたいことを断片的にたくさん書き出してみます。その後でそれらをつないで文章の体裁に整え、タイトルや小見出しをつけていきます。こうして、まずはたくさん書いてみるのです。最初はなかなか書けないかもしれませんが、徐々に自分なりのオリジナリティのあるコピーや文章を書けるようになります。

そして書く際は、少なくとも下記の二点を意識してみてください。

①あなたが伝えたい相手は誰なのか？
②その内容は相手にとってどういう意味があるのか？

まずは1ですが、多くの人はここを間違えています。**言葉は、メッセージが届く人を選別します。**

例えば「東京に住む三十五歳で、息子を一人持つシステムエンジニアへ」という言葉を発すれば、これに該当する人に届きます。該当する人が「おっ、自分のことかな？」と気づいて反応してくれるのです。

しかし「東京に住む人へ」とか「三十五歳の会社員へ」など、抽象度が増すと対象が広がりますから、メッセージが本当に気づいてほしい人にはなかなか届かず、そうではない人から反応がきてミスマッチが発生してしまいます。

僕も会社のセミナー募集の告知文章でミスマッチを起こし、「ラクして儲けたい」系の人たちが多く集まってしまって苦労した経験があります。

ターゲットを特定すればするほど、それにマッチした人にダイレクトに響きます。「不動産投資」と書くと、不動産投資に興味のある人が振り向きます。「融資攻略法」と書くと、ローンに興味のある人が振り向きます。「一年で三億円」と書くと、短期間に財を成したい人が振り向きます。

あなたは、誰にメッセージを届けたいのか？　自分の書いた文章が、そこを明確にしているかどうかを確認してみてください。

次に2ですが、特に商品やサービスの宣伝などには必要なことです。要するに、**相手にとって「どんなトクがあるの？」「何がうれしいの？」という点を明確にする**ということです。

どんな人にも、大なり小なり悩みや欲求があります。そういう人たちの問題を、あなたなら解決できる、欲求を満たしてあげられる、ということを表現するのです。

もちろん、嘘や過大な誇張は逆効果ですから、避けなくてはなりません。それに理由もなく「大丈夫です」「任せてください」などと主張しても、誰も信用してくれないので、自信のほどを証明する**根拠を提示する**ことも必要です。

また、報告書や分析レポートなどを書く時には、「それがどうした？」「だから何なの？」という点を明確にすることが大切です。つまり、「このデータから言えることは、○○ということです」で終わると、「だから何？」となってしまうので、「だから我々は△△することが必要です」などという示唆を提示することを意識するのです。

◆③何度も書いて練習する

そして、最後は何度も練習する。つまり、何度も書き直し推敲《すいこう》するということです。

他人のコピーや文章と比較してみたり、人に見せて意見を聞いてみたり、書店に行ったりして、「自分のとは何が違うのか？」を考えて、何度も書き直してみるのです。

　コピーや文章は一度作ったら終わりではなく、作った素材を何度も何度も書き直してバージョンアップさせていく必要があります。二、三度書き直して完成させられるほど簡単なものではないですし、その程度ではコピーライティング能力は上達しません。十回も二十回も書き直すことで、初めてスキルが高まるのです。

　僕がかつてメルマガのタイトルと紹介文を作った時も、数日間かけて、何度も何度も書き直しました。もしここで手を抜いて「こんなもんでいいか」と終わらせていたら、編集者も僕のメルマガを購読することもなく、出版のチャンスは得られなかったかもしれません。

　現在でも、経営している会社で主催するセミナーの告知文章を作る時は、三日も四日も考え、何度も文章を練り直します。時には一週間くらいかけて作ることもあります。だからこそ、毎回多くの人にセミナーに参加してもらえるのだと思います。

12　短時間でクオリティの高いコピーを作るコツ

　コピーライティングには語彙《ごい》力や表現力も必要ですが、以上の三つのプロセスを踏むことで、コピーライティングの能力は誰でもある程度は身につきます。

　しかし本当に重要なのは、**相手の視点から考え表現しようとする**こと。このポイントを外すと、相手の心に響く文章や相手を行動に駆り立てる文章を作ることはできません。

　つまり、やはりここでも**想像力が求められる**ということです。自分が顧客なら魅力を感じるか？　自分が報告を受ける上司なら納得するか？　常にそういう視点に立って考えるようにしましょう。

　最初は何十回書き直しても、納得できるものにならないかもしれません。でもそれを何度も繰り返すことによって、より短時間でクオリティの高いコピーを作ることができるようになります。

　これら一連の作業をとても面倒くさいと感じる人も

多いでしょう。「自分にはとても無理」と感じる人もいるかもしれません。しかしだからこそ、その他大勢の人々との差別化になる、というのもまた真理だと思います。

優れたコピーを書ける人は、どんなものでも売ることができます。つまり、「カネになる能力を持っている」ということです。そういう意味では、**コピーライティング力は現代の錬金術**と言っても過言ではありません。

13 「自分のポリシー・情報」を発信する有効なツール

また、自分のポリシーを表明し、自分の情報を発信する有効なツール、すなわち**「自分メディアを作る」**ということもお勧めしたいと思います。これは特にインディペンダントに仕事をしている人は必須と言えるでしょう。

いくらあなたがすばらしい能力を持っていても、どんなに差別化された商品やサービスを提供していても、そもそも世の中の人の目に触れなければ、それは存在しないのと同じです。

しかしながら、自分で事業を営んでいる人、フリーで仕事をしている人はもちろん、サラリーマンであっても、あなたという人材がどこに存在し、何ができるか、何をしているかを世の中の人に知ってもらうために、情報発信が不可欠です。

情報発信をすることで、関連する情報があなたのもとに集まってきます。同じような志を持った人たちが集まってきます。あなたのお客さんになりたい人が集まってきます。あなたに協力したいという人が集まってきます。**情報は発信されるところに集まる**のです。

テレビ局や出版社にあらゆる情報が集まるのは、彼らが情報を発信しているからです。情報を発信しているからこそ、「うちはこんな商品を出しました」「うちではこんなサービスがあります」「こんなイベントをやってるよ」と向こうから情報を持ってきてくれるのです。

世の中に存在が知られてこそ、ブランドとして認められるのですから、**ブランド形成には情報発信が密接不可**

分です。そして、そうした情報を発信するツールこそが、自分専用のメディア「自分メディア」なのです。自分メディアとは、自分自身のホームページ、メールマガジン、ブログ、SNS、セミナー、本などのことです。

◆上海MBA留学記が評判になって……

僕のコンサルティングファーム時代の同僚の女性は、MBAを取得すべく上海のビジネススクールに通っていましたが、その時の出来事を一年限定のメールマガジンで発信していました。

現地の学生と「日中問題」で議論することも多く、そういうセンシティブなテーマにおいても、真摯《しんし》な姿勢と客観的な視点で書き続けた結果、どんどんファンが増え、話題になっていきました。

そのメルマガが出版社の目にとまり、メールマガジンの内容をまとめて出版に至りました。それが、『上海のMBAで出会った中国の若きエリートたちの素顔』（岡本聡子著、アルク社刊）です。

出版をきっかけに、各種講演会やシンポジウムに引っ張りだこになった彼女は、中国社会の中で働く日本人の一つのあり方を示すリーダー的なブランドが形成されました。

僕も以前、米国公認会計士の勉強方法についてメルマガで配信し、ホームページを開いていた時、ビジネス雑誌からの取材依頼を受けたことがあります。

ほとんど更新はしていませんでしたが、これもホームページを開設し、メルマガを発行していたおかげです。現在も新聞や他社のウェブサイトなどあちこちで原稿を書いていますし、セミナーも活発に行なっています。その結果、数多くのマスコミから取材を受けるようになりました。

実はマスコミの記者たちは、記事にする情報を調べる時や取材先を探す時、ネットで検索して調べることも多いそうです。ですから、自分の活動をネット上で発信しておけば、そのテーマで記事を書こうとする記者や、テレビ番組の材料を探している製作会社の目にとまる可能性がぐっと高まるのです。

あの有名な『電車男』は、ご存じの通り、2ちゃんねるで話題になり書籍やドラマ、映画になりましたし、『実録　鬼嫁日記』はブログから書籍、ドラマになりました。

その他にも、新商品を使ってみた感想をブログでつづっていたら、雑誌社からコメントを求められたりした人もいるそうです。投資や恋愛、社会情勢の分析などをネットで情報発信している人たちが本を書いたり、テレビ取材などを受けたりするケースも非常に増えています。テレビに出るようになると、ブランドパワーは計り知れないほど大きくなる可能性があります。

ブログやホームページだけでは、やはりなんとなく「怪しいな～」という印象がぬぐえませんが、ブログが**書籍化されたり、本人がマスメディアに出たりすると、一瞬にしてその道の専門家、一瞬にして全国区になることが可能**です。

僕自身もメルマガがきっかけになって本を出版したおかげで仕事や問い合わせが増え、ビジネスの機会が増えました。

このように、「自分メディア」を持つことは、自分ブランドを確立し広める際の加速装置となってくれるのです。

◆"オリジナル情報"を発信しろ

自分メディアが有効だということはわかったとして、では、まず何から始めればよいのでしょうか？

僕たち一般人が手軽にできることは、メルマガやホームページ、ブログを持ち、そこで情報発信していくことです。特にこうしたネットメディアは、コストもさほどかからず何度でもやり直しがきくため、非常に取っつきやすいと言えます。

しかしながら、個人のブログやホームページは無数にあふれています。そんな中から自分のサイトを見つけてもらい、そこに価値を見出してもらうには、やはり「面白い」「役に立つ」「早い・新しい」「感動する」「なるほどと、考えさせられる」という内容でなければなりません。

見ている人にとって価値があれば、必ず認めてもらえますし、逆に価値がなければ、ブランド化できないばかりか、逆にマイナスに作用してしまいます。「あなたならでは」の個性あふれるコンテンツを発信していく、というのが理想的ではあります。

単なるニュースや記事の焼き直し、書籍のバナー、何を食べたか、家族と何があったか、などという内容ばかりでは、それがよほど面白くて見ている人の興味をそそるものでない限り、自分ブランドの形成にはなかなか役立ちません。

そこで、目指す分野の**オリジナル情報や自分の足で集めた第一次情報**を提供するようにしましょう。あるいは誰かから発信された二次情報でも、あなたの視点で編集し直すことができればOKです。

あるいは、ちょっとした出来事の中からも、他の人が気づかない視点で斬った情報を発信するようにしましょう。それが「自分ならでは」の価値ある情報になるのです。

最も大切なのは、**「自分はどう感じたか、自分ならどう考えるか」を表現する**ことです。例えば、「こんな人がいた、こんな価値観を持っている人が多い」で終わるのではなく、「だから自分はこう考える」というあなたの意見があって、初めてあなたの個性が出てくるのです。

次に大切なのは、**出し惜しみしない**ことです。ネタ切れで続かなくなってしまうことが心配、という人も多いかもしれませんが、臆することなく、知恵や新しい考え方をすべて出し切ってしまうようにしましょう。

情報というのは呼吸と同じです。息を思いっきり吐き出してしまえば、反動で新鮮な空気が自然に入ってきます。情報は枯渇するくらい吐き出すことで、脳が空っぽになり、反動で新しい情報が入ってきます。自分の考えを内に秘めたままでいると、新しい情報もその考えに制限されて、視野が狭くなってしまいます。

最後に、大切なのは**発信し続ける**こと。ブログやメルマガなら書き続けることです。ブランド形成には時間がかかるのです。

◆〝社外講師〟は積極的に引き受ける

また、**自分の専門分野のテーマについて社外講師を引**

き受けることは、格好のブランド構築手段です。

僕がコンビニ時代にお世話になった人で、流通業を専門にしている経営コンサルタントがいます。彼は個人のコンサルタントでありながら、並み居る一流コンサルティングファームを押しのけ、政府の仕事を見事に勝ち取りました。数億円という予算を使って、全国津々浦々にある出先機関の経営改善を指導したのです。

なぜ個人の彼がそんな仕事をとれたのかというと、数カ月前に招かれて講師を務めたセミナーに、その政府機関の担当者が出席していて、たいへんな感銘を受けたからだそうです。そして、その担当者が彼を強く推薦してくれたということなのです。

講演内容のよし悪しはもちろん重要ですが、**人前で話すという行為は、「自分のチャンスを広げてくれるチャンス」**というわけです。

自分にはそんな依頼が来るわけない、と思うかもしれませんが、確かに自分の存在が知られていなければ、主催者側もあなたに依頼することはできません。

講演の依頼が来ないうちは、自分の得意分野や講演内容が受け入れられそうな団体に、セミナー・講演会の提案書を送ったりして**自分を売り込む**のです。

待っていても講演依頼など来るはずはないので、こちらから積極的に売り込んでいく必要があります。実績がないうちは打率は低いですが、言ってみるのはタダですから。そして、講演の依頼が来たら、最初はもちろん無料で引き受けましょう。

社外活動は、その主催者のホームページや参加者個人のブログやメルマガなどで勝手に宣伝してくれるので、自動的に世間に〝情報発信〟され、ネット検索でひっかかるようになります。あるいは関わった人たちが、他の人に口コミで伝えてくれます。こういう実績の積み重ねが、チャンスという偶然を引き寄せるのです。

◆〝つながり〟一つで大学教授に、社外取締役に！

例えば、ロータリークラブから講師を頼まれた講演会に、たまたまある大学の学部長が来ていたのがきっかけで、誘われて大学教授になり、定年後の第二の人生を楽しんでいる人もいるくらいです。

ちなみに大学教授というのは、極めて社会的信用力の高い立場です。企業の社外取締役に請われたり、不動産投資の融資でも有利であったり、とかく周囲から〝信頼のまなざし〟で見られたりします。しかもビジネスでの実績を持つ教授は少ないですから、学生には人気があります。個室は与えられるし、研究費も給与も出ます。

講演なんかで本当に大学教授になれるのか、という疑問がわくと思いますが、特に博士号などを持っていなくても、**実務での成果や業績を「研究実績」という形に置き換えることができる**そうです。学校での教育経験がなくても、**社内外での講演やセミナーなどの実績を「教育経験」に置き換えることもできる**そうなのです。

僕も新聞社や雑誌社、ポータルサイト事業者に原稿を売り込み、商工会議所や金融機関などにセミナーを売り込み、同業者にはジョイントセミナーを呼びかけました。

もちろん、ほとんどは断られます。メールを何度送っても、ほとんど無視されます。でも、そうこうしているうちに、だんだんと呼ばれるケースが増え、ビジネスにも結びついていきました。

もっともサラリーマンの場合、社外講師などを引き受ける時は、会社との関係が問題になってくると思います。会社の名前が出る場合は、やはり上司を通じて会社に確認するなど、会社との関係をこじらせることがないように努めることが必要です。

でないと、同僚から妬《ねた》まれたり、仕事でミスをした時に「社外活動に精を出して手を抜いている」と変な横やりが入ってしまったりしますから。

最後に、ブランドには常に進化が求められますから、**時代の流れを読みながら自己研鑽を図る必要がある**、ということを忘れないでください。

稼ぐ人の「人生戦略」ノート

Chapter 5

Q.1

「今の自分」を一言で表現すると……？

例）真面目・堅物・アドリブが利かない

Q.2

あなたが身にまといたい「ブランドイメージ」を3つ書き出してください

例）ヤツに聞けば絶対面白い意見がもらえる

◆

◆

◆

Q.3

身にまといたい「ブランドイメージ」のために あなたが「今日からすべきこと」は何ですか？ 10 個書き出してください

例) テレビの識者の発言に常に反論してみる

◆

◆

◆

◆

◆

◆

◆

◆

◆

◆

《人生戦略⑥》リターンを意識して「時間」を使う

書店に行くと数多くの時間活用に関する書籍が並んでいます。新刊も続々出版されているところを見ると、時間をもっとうまく使いたい、と考えている人が多いのでしょう。

でも、そもそも僕たちは、何のために時間を効率化したいと思うのでしょうか。

きっと、せわしなく生きるためではなく、節約できた時間を使ってもっといろいろなこと、あるいは何か他のことをしたいからのはずです。時間を思うように使えない人生も不幸ですが、時間に追われる人生もまた不幸ですから。

1　投資の手法を「タイムマネジメント」に応用する

そもそも、やりたいことがあまりない人は、時間を効率よく使う必要などありませんが、何しろ僕たちは欲張りです。

つまらない仕事はさっさと片づけて、もっと給料に跳ね返る仕事に時間を回したい。有給休暇はしっかりとって旅行にも行きたい。夜は残業などしないで、彼氏や彼女と一緒にゆっくりとおいしい食事をしたい。休日は仕事を忘れて、スポーツで気持ちよい汗を流したい。帰宅した後は趣味や娯楽に時間を使いたい。サイドビジネスや投資もやってみたい。もちろん家族との時間も確保したい。

そういった何かしらの「目的」があるからこそ、タイムマネジメントが必要になるのです。一度しかない自分の人生を最大限に充実させたいからこそ、この一年をどう過ごすか、この一カ月をどう過ごすか、今週、今日の一日をどう過ごすべきかがわかってくるのです。

時間とお金の違う点は、「貯めることができない」こと。またお金はいくら積み重ねても、何の特徴もないただのお金にしかすぎませんが、**時間の積み重ねは自分の人生そのもの**であり、いろいろな色や特徴がにじみ出てくる、というところです。

だからこそ、**時間とは「人生最大の資源」**とも言われるのでしょう。これが僕たちが時間をうまく使おうとしなければならない最大の理由なのではないでしょうか。

「自分の時間も投資と同じ」

これは、僕がいつも自分自身に言い聞かせている言葉でもあります。今自分がやっていることは、どういう意味があるのか、どういうリターンが見込めるのかを、僕は常に定義するよう意識しています。そうすると、結果として自然に時間を上手に使えるようになります。

僕がかつて勤めていたコンビニエンスストアの例で説明しましょう。

コンビニでは、わずか三十坪たらずの売り場に約三千品目もの商品を並べています。ＰＯＳ(販売時点情報管理システム）によって、死に筋商品（売れゆきのよくないもの）を店頭から排除し、売れ筋商品（よく売れる商品）を中心に売り場を構成し、売り場効率の高い店作りをしています。

時間の使い方についても、これと同じ発想で組み直すことができます。つまり、自分の目指すものに向かってやるべきことを定め、そのために役立たない時間を「死に時間」として排除し、より役立つ重要な活動に時間をより多く使うように再設計するのです。

具体的にはまず、あなたが日々どう過ごしているかを書き出してみてください。朝起きてから夜寝るまで、いつ何をしたか一つ残らず詳細に記録してみるのです。最初はこれだけでよく、まずは自分の時間の使い方を可視化するということがポイントです。

ただ、誤解してはいけないのは、時間の使い方とは、単に効率だけを追求するものではないということです。むしろ「満足度の高い時間」を追求する、という方が適切な表現かもしれません。無駄なくがっちり仕事をする時間も、リゾートのビーチでのんびりシャンパングラスを傾ける時間も、内容は対極ですが、どちらも満足度の高い時間の使い方です。

ですから、ビールを飲みながらテレビを見ていても、自分がストレス解消だと満足できていれば、それでよいのです。そのうち、やはり無駄ではないかと気になってくれば、自然にテレビを見る時間を減らすものです。これだけでも案外、無駄な時間の使い方をしなくなるものです。

2 「価値の高い仕事」に時間を投入せよ

自分が多忙だなと感じたら、自分がやっている業務そのものを棚卸ししてみてください。要するに、自分でするのは自分にしかできない仕事や、自分がやってこそ価値がある仕事だけに絞り、それ以外の仕事はすべて部下やアルバイトに任せたり外注に出したりする、ということです。

だってあなたの給料は部下やアルバイトより高いわけで、それはあなたに給料に応じた働きをしてほしいという会社の期待でもあるのですから、もっと付加価値の高い仕事に時間を振り向けるべきなのです。

つまり、自分の立ち位置によって、その業務に費やす時間が「投資の時間」か「浪費の時間」なのかが決まるということです。

自分しかできない仕事以外は全部やめてみる……実際にやってみると結構多くの仕事を削減できるのではないでしょうか。

何も残らなかったという人はいないと思いますが、もしゼロになったら、付加価値の高い仕事をあまりやっていない、期待されている価値を出していないということかもしれません。

これが経営者であれば、ゼロになったら喜ばしいことかもしれません。なぜなら、自分がいなくても会社が回る体制ができていることになるからです。

例えば自分が新人社員であれば、コピー取りなどの小さな作業を確実にこなす時間は、仕事の基礎を学んだり自分の信用力をつけたりするための立派な投資の時間ですが、あなたが役職者で意思決定をする立場であれば、コピー取りは時間の浪費です。会社もあなたにそんなことをさせるために高い給料を払っているのではありません。

僕自身も、自分にしかできない仕事以外は、どんどん社員に任せています。僕の仕事は会社のビジネスモデルを作ることと、社員が能力を発揮しやすい環境を作ることですから。

だからかどうかはわかりませんが、社員には社長の仕事というのはなかなか見えにくく、「社長は遊んでばかりで何もやっていない」と思われがちですが（笑）。

もちろんそれだけではなく、自分のやっている仕事そのものが無駄ではないかと振り返ってみることも必要です。

会議のために作った資料が全く使われていないとか、丸一日かけて作っている週報を実は誰も見ていないとか……。

組織が大きくなると、そんなこともたくさんありますから。

本当に必要な仕事かどうかを見極める、自分にしかできない仕事をやる、という意識があると、**より重要性の高い仕事を選別**するようになり、**自動的に時間の効率化になる**のです。

3　〝後回しグセ〟を撃退する4つのメソッド

やらなきゃ、やらなきゃと思いながら、面倒くさくてついつい後回しにしてしまう、という経験は誰にでもあると思います。そんな時は、のどの奥に小骨がひっかかった状態と言いましょうか、常に気がかりで、落ち着かない日々が続きます。

早くやってしまえばよいのですが、なぜか気分が乗らない。やろうと思っても、ついネットサーフィンをしてしまったり、デスク回りの片づけを始めてしまったり、関係ない本や資料を読み始めてしまったりと、逃避行動に走ってしまう……。

もちろん、僕にもそういうことはよくあります。TODOリストを何回も繰り越し転記し続け、ついには三カ月間繰り越していることもありました。

行動を先送りしてしまうのを防ぐには、ある程度強力な動機づけが必要となります。

その動機づけになるのは、「やらないと怒られる」「お金が入ってこない」という恐怖感や、彼女を口説く時のように、「後でとてもうれしい結果が待っている」という期待感などです。あるいはスポーツのように「やっている最中が楽しい」というプロセス自体が快感だとか、そういう動機があれば、すぐにでもやる気になるでしょう。

そんなふうに気持ちを持っていければよいのですが、やる気のない時はそう考えること自体がおっくうです。では、そんな時にどうやって克服するか。僕が意識している方法をいくつかご紹介します。

①今本当にやるべきなのか優先順位を再検討し、追い込みパワーに任せる
②期限を決め、それを他人と約束する
③やり終えた時のすがすがしい気分とメリットを想像して書き出す
④集中力がある時間帯を使って、まず取りかかってみる

まず1ですが、これは追いつめられないとできない人向けです。締切りギリギリまで、そのことはすっぱり忘れて他のことをやり、**期限が迫ってきたプレッシャーで一気に片づける**という方法です。

心配性の人には向かない方法ですし、締切りギリギリになった時、別の緊急の仕事が発生したり、他の人の影響で間に合わなくなったりするリスクがあります。重要な仕事の場合、内容の詰めが甘くなってしまい、後で上司や取引先から指摘されてやり直しになるかもしれません。

また、企画書などはこの方法は避けた方が無難でしょう。なぜなら、早めに仕上げて少しの時間寝かせることで冷静になると、作っている時には気づかなかった落とし穴に気づいたり、他の選択肢を思いついたりするなど、よりクオリティの高いものになるからです。**「企画書は一晩寝かせろ」**と言われるゆえんです。

それに早めに仕上げておくことで、「まだ手をつけていない、まだここまでしか終わっていない」という焦りから解放されます。そういう状態になって初めて、「もっと完成度を高めたい。もっと付加価値を高めたい」という純粋な向上心のみで仕事に取りかかることができ

るのです。

そもそも「やらなきゃ」という状態では、「期日に間に合わせないといけない」、という切迫感や義務感でいっぱいになり、クオリティは後回しになってしまいます。しかし一通り終わらせておくことで、余裕を持って仕事の質を高めることに専念できるのです。

とはいえ、1の方法は、どんなにやりたくないことでも、圧倒的な集中力で短期に終わらせることができるというメリットがあります。

2は、1の締切り効果を応用した方法です。自分で小さな締切りを段階的に設定して達成するというのはよく言われる方法ですが、自分で締切りを作って自分で守るには相当強い意志の力が必要です。

しかし、他人と約束をすると、その約束を守れなければ相手に迷惑がかかるし、迷惑がかからない場合でも自分が恥ずかしい。そう思うと、締切り効果で実行しやすくなるのです。他人と約束する、これがポイントです。

3は、自分にとって重要な達成目標の場合に向いています。単に「年収三千万円になる」と決めるだけよりも、年収三千万円になったら、どんなハッピーな生活が待っているかを詳細にイメージした方が、よりやる気が高まるからです。

4は、一見バカバカしいですが、意外に効く方法です。イヤイヤながらもとりあえず始めてみると、次第に集中してきて、すんなりこなせてしまうことがよくあります。苦手な科目の勉強も、とにかく取りかかってみたら集中してやれた、という経験談をよく聞きますが、それと同じです。

やる気というのは、やり始めなければ湧いてこないものだ、という心理学者の見解もあるくらいですから、始める前に気をもんで時間を無駄にするよりは、とりあえず取りかかってみる、というのも一つの手です。

その日の気分によって、取りかかれるか、取りかかれないかムラがあるため、ある日はこの方法が効いたけれど、別の日は効かず、他の方法を試したら効いた、ということもあるでしょうから、自分なりに複数の方法を用意しておけばよいでしょう。

4　まずは「ＴＯ ＤＯ」を書き出し、ターボを回せ

それから、タイムマネジメントでお勧めしたいのは、**日々のＴＯ ＤＯをすべて書き出し、やり終えたら赤ペンで消していく**、ということです。

よく、「一日の終わりに、翌日のＴＯ ＤＯをノートにすべて書き出して帰宅しよう」と言われますが、これは本当に効果があります。

こうすれば、明日もしくは明日以降やるべきことがすべて網羅されているので、翌朝出社したら、最初からフルスピードで仕事に取りかかることができます。

出社してからその日の仕事の組み立てをやるのでは遅いですし、九時に出社してもなかなかエンジンがかからず、実際に仕事を始めるのは九時半くらいという人も、周囲にはいるのではないでしょうか。

いかに就業時間内に効率よく仕事を終わらせて自分の時間を確保するか、という視点に立てば、仕事に取りかかるまでのウオームアップ時間の短縮が必要です。

さらに、やるべきことの全体像を見渡せるので、細切れ時間を使ってこなせばよい業務とか、並行してできる作業なども組み込むことができます。待ち時間が発生するものや、先方の回答を待ってからでないと動けない業務は先に相手に投げておき、その後で自分の仕事をするようにすれば、返事が来なくてボーっと待つということもありません。コピーなどは、他の仕事と並行してできる作業の典型です。

それに、すべてを書き出すことで、もう忘れてしまってもよいという安心感が生まれ、すっきりした気分になれます。

やらなければいけないことがあっても、「書いているので、とりこぼすことはない」「忘れてもよい」という状態に自分を置くことで、脳の短期記憶領域が解放されますから、純粋に「考える」ためだけに脳を使うことができます。

このTO DOは、仕事もプライベートもすべて書き出すようにします。そうすると、もしプライベートで買いたいものがあったとしても、外出先や出張先でついでに買うことができます。電話すべきことがあったら、ちょっとしたスキマ時間に一本電話することができます。

そして、そのTO DOリストを片づけるたびに一つずつ、赤ペンでギュッと消していきます。その気持ちのよさといったらありません。赤ペンで消された大量のTO DOを見ると、ものすごい充実感に浸れます。

逆に長時間仕事をしていたとしても、消されたTO DOが少なければ、うまく時間を使っていなかったのではないか、という反省材料にもなります。

慣れてきたら、翌週のTO DOをすべて書き出します。この作業を金曜日の夜にやると、土日は何も気にせずゆっくり過ごすことができます。そうしていくと、徐々に余裕を持った仕事の組み立てができるようになるでしょう。

◆重要度の高い条件は大きく、大きすぎるTO DOは分解して

でも、たくさんのTO DOを片づけているけれども、どうも気分がすっきりしないな……という場合もあります。そこで、重要度の高いものや気がかり度の高い条件は大きな文字で書き、そうでないものは小さな字で書くという方法がお勧めです。

これをやると、今日は何を片づければ気持ちが一番すっきりするのかが一目でわかるからです。

また、何となく手をつける気になれないTO DOや、いつも後回しになってなかなか消せないTO DOもあるかと思います。それはきっと、そのTO DOが大きすぎるのです。もっと小さなTO DOに分解してみてください。

例えば「自分のウェブサイトを作る」だと大きすぎて、なかなか行動に移せません。

そこで、「ドメインを取得する」「レンタルサーバーを契約する」「ホームページビルダーを買ってくる」「サイ

トコンセプトを考える」「ページごとのテーマを決める」「このテーマの原稿を書く」という具合に、小さいＴＯＤＯに分解するのです。

そうすると、たいへんな作業であっても〝ずっしり感〟から解放され、手をつけやすくなります。

5　ホワイトボード活用で〝会議時間〟の効率アップ

さて、会社に勤めているビジネスパーソンから、「無駄な会議で時間をとられて困る」という声をよく聞きます。そこで**会議の時間を効率よく、かつ有効な時間とするための方法論**をここでご紹介します。

どの会社の会議室にもホワイトボードがあると思いますが、会議や打ち合わせで十分使いこなしているでしょうか。もし、無意味な会議が多いと感じることが多ければ、**「ホワイトボードの使い方」**を見直してみてください。

そもそも資料を読み上げるだけの会議は全くもって時間の無駄ですから、ここでは**「アイデアを持ち寄り、議論して決定する」という会議本来の姿**を前提に話を進めます。

ホワイトボードを使わない会議では、ただ目についたところから議論していることが多く、議論のプロセスも結論も共有しにくいので、話が堂々巡りになりがちです。そして結局は結論を持ち越し、「この会議はいったい何だったんだ」と出席者にフラストレーションを残す結果となりかねません。

しかし、ホワイトボードに書きながら議論すると、それだけで、会議がだらだらして結論が出ないことを防いでくれたり、同じ議論を繰り返したり脱線したりすることを防いでくれたりするのです。

「ホワイトボードに書く」ということは、全員が同じテーマに注目していることを意味します。全員がホワイトボードという一つの土台を共有し、それをベースに議論できるのです。

もし議論している内容をホワイトボードに書かないと、会議に参加した人たちの発言は、空中に流れて消えていきます。言葉の空中戦になってしまい、すでに終わった話を蒸し返したり、議論の論点がずれて、関係ないところで紛糾したりしてしまうのです。

◆会議の目的、テーマ、ゴールを書き出しておく

さて、そのホワイトボードを使う時の注意点としては、最初に、この会議の目的と議論すべきテーマ、および、この会議中に出すべき結論（ゴール）を書いておき、**着地点の認識を全員で統一**します。一人ひとりの発言を、次のような点に注意して書いていきます。

◆同列のテーマは箇条書きにして線で結ぶ
◆原因なのか、結果なのか、わかるように矢印で結ぶ
◆同じようなカテゴリーに属するものを線で囲み、グルーピングする

このように、個々の論点と論点の関係はどのようにつながっているのか、何が原因となってどういう事象を発生させているのか、関係がわかるように線で結んでいきます。

また、同じ議論はグルーピングすることで、議論の拡散を防ぐことができますし、各人の意見をミックスさせて、さらによいアイデアが生まれます。

こうすることで、今発言している人が、どの点に関して言っているのかがわかります。発言の論点がずれているのか、新しい視点なのか、原因なのか結果なのかが、視覚的に理解できます。議論が脱線しても、すぐに元に戻すことができます。そして、解決すべき課題や考えるべき点が明確になります。

その結果、会議に出席している全員が、**議論の背景から結論までのすべてで共通認識を持つ**ことができ、会議終了後には全員が同じ方向に向かって進むことができます。

書いた内容をそのままプリントアウトできる機能のついたホワイトボードもあるので、それを使ってプリントアウトしたものを全員に配れば、清書する必要も議事録も必要ありません。

パソコンなどで打ち直したものではなく、生々しく議論した土台そのままなので、そのコピーを見れば、中身ややりとりを鮮明に思い出せます。部署や担当者によ

る認識や理解が異なり、打ち合わせた内容と異なることをしてしまう、ということも防げます。

◆名ファシリテーターとして社内の評価も上がる！

ホワイトボードのない会社は少ないと思いますが、使いこなしているかどうか、今一度振り返ってみてください。もしあまり使いこなせていなければ、早速明日の会議や打ち合わせから、あなたが率先して使ってください。

それを繰り返すことで、あなたは高いファシリテーション・スキル（問題点を整理し、メンバーの感情に働きかけて考えさせ、議論が活発になるように導き、全員の共通認識を形成していくプロセスを作るスキル）を持つ優秀なファシリテーターとして、会議を仕切ることができるようになります。

あなたがいなければ会議がスムーズに進まない、議論がまとまらない、と社内での評価も高まるようになる日も近いでしょう。

これからの時代のリーダーにはファシリテーション・スキルが重要になってきます。そして、そのファシリテーション・スキルを養うツールとして、「ホワイトボード」が非常に役立つのです。

6　すべてにおいて「先手を打つ」

また、時間を制し、仕事もプライベートも自分のペースで進めるには、すべてにおいて先手を打つことが大切です。

例えば、**予定は「先に言ったもの勝ち」**です。商談や打ち合わせのスケジュールを決める時でも、相手から候補日を提示されるよりも、こちらから先に都合のよい候補日を提示して相手に選んでもらえば、自分の思い通りのスケジュールで仕事を進めることができます（もちろん相手と自分の関係によっては、そう都合よくはいかない場合もありますが）。

待っていては相手のペースでことが運んでしまいます。**すべてを前倒しして決断・行動し、先手を打ってこちらから仕掛け、主導権を握っていく。**

そうすれば、仕事に限らず多くの場合は、**自分のペースでことを進める**ことができます。

また、仕事の依頼があった時はイエスでもノーでも、すかさず返事をします。

迷った挙句に引き受けても、「この人は本心では乗り気じゃないのでは」と思われて、次のチャンスは来ません。迷った挙句に断ったとしたら、「引き受けてくれると思っていたのに、期待して損した」と思われて、やはり次のチャンスは来ません。**決断が遅いことは、すべてにマイナスに作用する**のです。

あるいは、外からかかってくる電話で仕事をさえぎられ、ノっていたのに気が散ってしまった、という経験を持つ人も多いのではないでしょうか。

電話がじゃんじゃんかかってきて忙しく対応している人は、一見仕事ができる人のように見えるのですが、むしろ逆です。打ち合わせや連絡が不十分だから、相手が電話をかけてこざるを得ない用件を作ってしまっているのです。

仕事のできる人は、むしろ電話がかかってくることは少なく、自分のペースを維持しています。なぜ電話がかかってこないかというと、必要なことは先手を打ってこちらから伝えているからです。相手から聞かれそうなことや、必要な情報をあらかじめ伝えているので、ちょっとした問い合わせや確認の電話などに煩わされることはありません。

自分から先んじて連絡すれば、自分のペースで仕事ができるのです。あなたも、電話のかかってこないビジネスパーソンを目指しましょう。

◆「今すぐやる」習慣が大きな差となる!

とにかく、どうせやらなくてはいけないことなら、すぐにやりましょう。決めなくてはいけないことは、来週ではなく今すぐ決める。電話する必要があれば昼食後ではなく今すぐ電話する。メールは見たらすぐに返信し、返信できないのなら見ない。

やるべきことがたくさんあると、むしろ気がかりなことが増えて心の負担が増します。ですから、やるべきことからどんどん片づけていく、というのは、心の平穏を保つ上でも重要です。

その他、読みたい本は「時間ができたら」ではなく今日中に買って読まないと、すぐに忘れてしまいますし、本は店頭から消えるのも早いものです。転職を考えているのなら、ボーナス後ではなく今日、エグゼクティブサーチに連絡してアポをとる。恋人とケンカしても意地をはらないでこちらから連絡する。英会話学校も四月からではなく今すぐ申し込む。スポーツクラブも給料後ではなく今日から行く。

すぐにやらないと熱が冷めて行動のきっかけを失い、結局やらずじまいになってしまいます。

7 〝週末の過ごし方〟で将来が決まる！

さて、自分の能力を高め、情報を発信し、人に会い、自分ブランドを高める。そんな活動をするには、**「休日の時間の使い方」**も極めて重要になると思います。サラリーマンでも週末にビジネスや不動産投資に時間を使っている人は多く、その後の人生を左右する大成功を収めている人もいます。

週末を有効活用しようと思ったら、まず金曜日に飲みに行くのをやめることです。多くの人が金曜に飲み会の予定を入れると思いますが、そうすると気がゆるみ、ついつい深酒や深夜帰宅となり、結局土曜日の午前中もつぶれてしまいます。飲みすぎると土曜日が丸一日無駄になってしまうこともあります。

土曜は朝から自分のことをするために、金曜日は飲みに行かず早めに帰宅、早めに就寝します。その代わり、飲みに行くのは他の平日にします。そうすると、翌日の仕事に差し障るので、だらだらハシゴ酒をしたり飲み過ぎたりするのを防げます。

金曜の飲み会は断っても、別の日にあなたから誘えばいいので、「つきあいの悪いやつ」と言われることもありません。それに、平日の最初の一杯は半額とか、ビールとつまみの「ちょっと一杯セット」というサービスをしている店も多いので、財布にもやさしいのです（笑）。

◆能率の上がる「朝」が一日二回くる方法

ただ、土日にいろいろやろうとしても、案外何もできなかったという人が多いのではないでしょうか。時間があるからと気持ちがゆるんでしまうからです。

そこで、**能率の上がる「朝」が一日二回くる方法**を紹介します。これはお酒好きな人のためのもので、「昼晩酌」という方法です。

休みの日はいつもよりちょっと早く、朝六時くらいに起きます。そうすると、十時までたっぷり四時間は自分の好きなことができます。疲れてきた頃、例えば恋人とデートしたり、家族と遊んだり、買い物に行ったりしてのんびり過ごします。

午後二時か三時頃、遅めの昼食をとります。そしてこの時に晩酌を済ましてしまうのです。僕はお酒が好きなので、昼からビールやワインを飲んで晩酌代わりにしてしまいます。

朝は早起きしたので、すぐにコテンと寝られます。一〜二時間寝て起きたら、だいたい夕方五時とか六時。すると朝のようなスッキリした頭に生まれ変わります。このスッキリした頭で、ここからさらにもう三〜四時間くらいは集中力の高い時間が確保できます。たっぷりと昼寝をしたので酔いもさめています。

これで朝のような時間が一日二回くるというわけです。実はこの原稿も、日曜日の午後三時から五時まで睡眠をとった後で書いています。

この方法は酒好きの人には、かなりお勧めです。夜なかなか寝つけなければ、再び軽く晩酌をしてもいいので、二回お酒が楽しめます。

もっとも昼寝をし過ぎると逆に頭がボーッとしたり、その日の夜の寝つきが悪くなり、翌日に響いたりするので、昼寝は三時間以内に抑える方がよいでしょう。

Chapter 6

稼ぐ人の「人生戦略」ノート

Q.1

自分の日々の時間の使い方を「意味のあること」と「意味のないこと」に分類してみましょう

例）新しい人と会う時間……意味のあること、
ネットサーフィン……意味のないこと

Q.2

自分戦略を「考える時間」を、毎月いつ確保しますか？

例）毎月第一土曜日、赤坂のエクセルシオールカフェで、
朝10時から2時間確保

Q.3 あなたが習慣にしたい「タイムマネジメントルール」を10個書き出してください

例)1週間の予定は前の週の金曜日に立てる

◆

◆

◆

◆

◆

◆

◆

◆

◆

◆

《人生戦略⑦》人を動かす「コミュニケーション・スキル」を磨く

今やビジネスのスタイルは、一つひとつのミッションに応じて、それに必要な企業や個人が集まり、終了したら解散する、という「コラボレーション・プロジェクト」が主流になっています。

そうすると、まずはそうしたプロジェクトの一員として声がかかることが、ビジネス・ブランドパーソンになるための条件です。

次にもっと重要なのは、この分野ならどの会社の誰とつながりがある、などという豊富な人脈を持ち、それらをコーディネートするプロデューサーやオーガナイザーとしての役割を担える人になることです。

1 〝人的ネットワークのハブ〟になれる人は強い

ネットワークの時代とはよく言ったもので、**何事かを成し遂げる人や強力なブランドネームを持っている人は、分厚い人的ネットワークを持っています。**

そして彼らはそのネットワークの維持・管理にも長けており、電話一本で必要な能力を持った人材を集めることができる、まさに**「人的ネットワークのハブ」**としての役割を果たしているのです。

ハブというのはコンピュータ用語ですが、一つの機械で複数の回線に分岐できるネットワーク機器です。もっとわかりやすく言うと、一つのコンセントでも複数の電源コードを挿せるようにする「テーブルタップ」みたいなものです。

そこから意味が派生して、中心拠点のことなどもハブと呼びます。よく「アジアのハブ空港」と言ったりしますが、駅でいうと、新宿駅や東京駅ですね。ハブには人が集まります。人がいるところには情報が集まります。情報があるところにはお金が集まります。

そして、人的ハブになれる人は圧倒的に不足していて、あちこちのプロジェクトに引っ張りだこなのです。

人脈の有効性、有利性というのは古今東西ずっと語られてきたわけですが、ネットワーク社会になって、いかに広く深い人脈を形成し、維持し続けられるかが、ますます重要になっていると言えるでしょう。

とは言っても、たくさんの人脈を作るのは時間も労力もかかります。

そもそも、毎日一人ずつ新しい人と会ったとしても、三十年でやっと一万人。日本の人口の〇・〇〇八％にすぎません。人生の中で出会い、人脈と呼べる人となると、数はもっとずっと限られてきます。そこで、人脈は数も大切ですが、一人ひとりとの結びつきを高めることに注目してみましょう。

例えば、自分の友人が仮に三十人いるとします。彼らの友人もそれぞれ三十人ずつ人脈を持っているとすると、それだけであなたは九百人のネットワークを持っていることになります。そのまた人脈も含めると二万七千人です。

理論上は、自分の友人たちに「誰かこういう人いない？」と聞くだけで、二万七千人の中から最適な人材を紹介してもらえることになります。

しかし、よく知らない人に自分の人脈を紹介するのは、怖くてなかなかできないものです。だからこそ、薄っぺらいつきあいではなく、お互いの信頼関係を深めていく必要があるのです。

「自分がハブになる」ということを意識して、つきあいを深めて信頼関係を作っていけば、紹介によって人脈を拡大していくことが可能になります。

◆〝人脈〟のメンテナンス法

では、僕たちが人的ハブになるためにできることは何でしょうか。まずは**今の人脈を把握し、メンテナンスしていく**ことです。

お互い気心が知れている学生時代の友人や利害関係のない趣味の仲間などは別として、まずは仕事上の名刺の整理から始めましょう。

持っている名刺を全部、机の上に広げて、眺めてみましょう。まずは、頻繁につきあいがあり、信頼関係を築いている人を人脈Aとして一つの山を作ります。次に、単に仕事で仕方なくつきあっているだけで、どうでもいいと思っている人の名刺を人脈Bとして一つの山を作ります。

そして、すでに関係は疎遠になっているが、関係を維持しておきたい人の名刺を人脈Cの山に、とりあえず挨拶しただけで名刺交換したことさえ覚えていない人、もう二度と会うことはないだろうな、という人の名刺を人脈Dの山に分けます。

Dの山は思い切ってシュレッダーにかけてしまいましょう。Bの山はとりあえず必要ですので、名刺ホルダーにしまいます。

大事なのはAとCの山です。

Aの山の人は、似た価値観の人や自分を成長させてくれるウマの合う人ですから、もっと取引の金額や頻度を高めたり、個人的にも食事に誘ったりしましょう。Cの山の人には、最初は近況報告とともに挨拶状やメールを送り、彼らにとって有益と思われる情報を提供しましょう。可能であれば、仕事を発注してみましょう。

そうして少しずつ距離を縮め、覚えておいてもらうようにすると、何かあった時に先方からコンタクトをもらえる可能性が高くなります。

人脈は「どんな人を知っているか」ということ以上に「どんな人から知られているか」が重要とも言われますので、メンテナンスは非常に重要です。

2　重要な仕事ほど「組織」ではなく「人」につく

「人との縁を大事にしよう」

これは、多くの起業家や成功者が言う言葉です。会社員時代は社内の人とちょっとした取引先とだけつきあっていればよかったので、僕はあまりピンときませんでした。しかし、独立起業した時、いかに人とのつながりが重要か、いかに今まで自分は人とのつきあいをおろそかにしていたか、改めて思い知らされました。

サラリーマンをしていると、取引先との商談で、本当はこの担当者がいいわけじゃないけれど、相手の会社がよこした人だから、とりあえず相手をしている、という場合もあります。ということは相手もそう思っている可能性もあるわけで、そんな関係だと、自分が会社を辞めたら、そこで縁は切れてしまうでしょう。

仕事は「個」と「個」のつながりが積み重なったものです。重要な仕事になればなるほど「個人」につくもの

です。僕の本業である資産運用などのプライベートな依頼では、お客様も、組織ではなく人につく場合がほとんどです。

だからこそ、僕の会社のように小さく無名であっても、何百人ものお客様に恵まれるのだと思います。

本書の前段で述べた、「自分のＷＷＷ（ワールドワイドウェブ）を持つ」という意味でも、いかに人と深い信頼関係を作るか、いかに自分のファンをたくさん作るかが大切です。

3 つきあう相手は〝厳選〟する

僕たちは他人との接触によってかなりの影響を受けますから、**つきあう人は慎重に選ぶ**必要があります。

起業家になりたければ起業家とつきあうべし、お金持ちになりたければお金持ちとつきあうべし、とよく言われます。起業家にとっての常識は、一般人のそれとは異なります。お金持ちの常識も一般人のそれとは異なります。

だからこそ、理想とする人たちの常識を身につけられれば、なりたい人材により近づくことができるというわけです。

僕は学生の頃、簿記の専門学校に通っていましたが、校内にこんなポスターが貼られていたのを覚えています。

「異常な生活も毎日続けば日常になる」

この標語の通り、専門学校では朝七時の答練から始まり、夜十時頃まで多くの人が勉強一色の生活を送っています。一日十二時間勉強するなんて言うと普通の人はびっくりしますが、こういう世界にいると、それが当たり前になってしまい、大変だとも苦労だとも感じなくなるものです。

よい意味でも悪い意味でも影響を受けるのであれば、**自分がなりたい理想の人物の近くにいる、その人の下で仕事をさせてもらって影響を受けるのが理想的**だと言えます。

◆こんな人からは一目散に逃げ出せ

さらに、取引先や所属する組織も選ぶべきです。例えば芸能界でも、誰がプッシュしてくれるか、誰がプロデュースしてくれるかで、実力がなくてもブレイクする場合があります。実力があっても、プロデューサーや事務所が弱いと、世に出るチャンスが少なくなってしまいます。

本だって、編集者の力量や広告を打つチカラのある出版社かどうかなどによって、売れ行きは全く変わってきますから、ただ本を出したいだけなら別ですが、どこの出版社を選ぶかも重要なのです。

誰と一緒に仕事をするのか、誰と一緒に生活するのか、意識して選ぶ必要があります。品性のない人物からは一目散に逃げ出し、マイナス思考の人とは距離を置きましょう。言葉遣いが粗い人と仕事をすると、自分もそうなります。不平不満を言う人の近くにいると、自分もつい不平不満を口にするようになってしまいます。

顧客もあえて選ぶべきだと思います。選ぶというのは、あなたが発信する情報の価値を理解できる人を顧客にするという意味です。なぜなら、情報の価値は受け手によって決まる要素も大きいからです。

受け手の意識が低かったり、感受性がにぶかったりすると、どんなに有益な情報を発信しても、彼らは受け止められないのでミスマッチが起こります。それはクレームのもととなり疲れるだけです。

そういう意味では自分と感性が合う人と仕事をすることが、よりストレスが少なく前向きに仕事をする方法の一つです。「合う」というのはイエスマンとか傷をなめ合う仲という意味ではなく、思考特性や目線の高さが似ていて、お互い切磋琢磨できる人という意味です。

物事は批判的に捉えるのではなく、本質を追究しようという姿勢が重要ということを先に述べましたが、対人関係も同じです。どんな人であってもいろいろな側面を持っているものですから、性善説で捉えるとか、性悪説で捉えるとか、そんな二者択一の狭い発想ではなく、**人間をよく観察してつきあう**、ということが大切なのではないでしょうか。

4 〝信頼と人脈〟を拡大する「二つの促進剤」

世の中には、いろいろな人間関係のスキルが提案されていますが、性格に依存する部分はなかなか変えられません。だから僕は、まず次にあげる二つを意識することからスタートすればいいと思っています。

一つ目は、とにかくなるべく笑顔で人と接するようにすること。当たり前の話ですが、明るく笑う人は周囲の人を明るい気分にさせます。そういう人の周りには、やはり人が集まるものです。

いつも明るい顔でいられる人は、実は自分の感情をコントロールできる強い精神の持ち主と言えます。誰しも悩みを抱えていたり、毎日の仕事に疲れていたりして、他人と笑顔で接するのを面倒くさく感じる時があるものです。

しかし、そうした個人的事情に左右されず、明るい表情でいられる人は、自己コントロールができる、成熟した大人なのです。そして**笑顔は、人を呼び寄せる〝コストゼロの販促策〟**です。

二つ目は、うなずきながら、黙って相手の話を聞いてあげる、ということです。

自分がしゃべりたいのをがまんして、うなずく回数を意識して増やしましょう。うなずくことが下手だと、相手は「この人は、私の話を理解しているのだろうか？」と不安になり、話をするのがだんだんと不快になってきます。

しかし、タイミングよくしっかりうなずくことができれば、「この人は自分の話を熱心に聞いてくれている、しかもちゃんと理解してくれている」と、あなたに好感を持ち、あなたと話すことが心地よくなります。

聞き上手な人は、だいたいうなずき上手な人ですし、異性からモテる人もだいたいうなずき上手のようです。

「笑顔」「うなずく」。単純ですが、このたった二つのことを意識するだけで、人脈拡大の促進剤になるでしょう。

5 「教えを請う」ことで相手のプライドをくすぐれ

また、**謙虚であるということはまさに、とても得なことです。**例えば目下の人に「教えてください」と頭を下げるだけで、相手は目上の人から請われることに自尊心をくすぐられ、喜んで教えてくれます。

目下の人やライバルに教えを請うのは恥ずかしい、みっともない、プライドが許さない、と考える人もいるようですが、そんなちっぽけなプライドなんて、得られるものの大きさに比べれば、ゴミみたいなものです。

謙虚に教えを請う姿勢で有名なのは、故・小渕恵三元首相の「ブッチホン」です。一国の首相からいきなり電話がかかってきて、「教えてください」と請われれば、誰だってうれしくなって懇切丁寧に教えます。もちろん報酬なんて求めません。首相から教えを請われること自体が名誉だからです。

立場のある人ほど知ったかぶりをしないで、素直に教えを請う。その地位にそぐわない腰の低さ、それがさらに人を惹きつけるようです。

もっとも自分がまだぺーぺーで、目上の人に教えを請う時は、自分が何かを提供できなければなりません。「情報はタダ」のごとく相手にたかるのは、多忙な相手にとっては時間泥棒になりますので注意が必要です。

よく下請け業者や取引先に横柄な態度をとる人を見かけます。「カネを払っているのはこちらだ。お前らは素直に言うことを聞け」、というところでしょうか。

確かに人をアゴで使うというのは、ちっぽけな人のちっぽけな自尊心は満たされるかもしれません。しかし、その程度で満たされる自尊心なんて、むしろ邪魔ではないでしょうか。会社の看板を外せば、誰もその人とはつきあわなくなるのは目に見えています。

いずれにしても、相手が部下でも、後輩でも、アルバイトでも、年下の人間でも、店員や下請け業者でも、常に謙虚な姿勢で接する。それが信頼関係を作り、人脈を広げる基本の一つだと思います。

6 「威張ったら負け」を肝に銘じよ

自分に自信がない人は、威張ったり自慢したりします。どれほど大きな金額の商売をしているか、どんなに幅広い人脈を持っているか、自分がどんな実績を上げてきた有能な人物か、などなど……。

転職の面接ならいざしらず、威張ったり自慢したりするのは、自分を実力以上に見せて、自信のなさを補おうとする意識の現れです。

威張れば威張るほど、「実力はさほどないんだけど、実力者と見られたいから虚勢を張っています」ということを証明しているようなものです。自慢すればするほど、自分の器が豆粒のように小さいことを露呈する結果になります。

そもそも**他人の自慢話を聞くのは、基本的に面白くありません。**「へえー、すごいですね」くらいの反応しかできないので、会話が発展しません。言葉のキャッチボールという、そもそものコミュニケーションが成り立たないのでイライラします。

昔話のついでに武勇伝を挿入するのは、会話の流れの中で話を盛り上げるのに一役買いますが、それを連発されては鼻につくだけです。取引先や初対面の人には効果があるかもしれませんが、見る目のある人ならすぐに見透かされ、つきあう価値のない人と思われてしまいます。

実力がある人は自信がありますから、あえて虚勢を張る必要はありません。わざわざ自分で誇大宣伝をしなくても、周囲が認め敬意を払ってくれます。もちろん、仕事などでは、相手を安心させるために、あえて過去の実績を主張することはあります。しかし、必要以上に誇張したり連発したりすることは、むしろ逆効果です。

威張って相手に過剰な期待をさせて、後で本当の実力が知れてガックリされるくらいなら、そんなこと言わないで淡々と自分を磨く方が精神衛生上もよい。僕もついつい自慢話をしてしまった後は、いつも後味の悪さが残ります。

「威張ったら負け」「自慢したくなったら自分に実力がない証拠」と考え、口にチャックをしましょう。

7　他人を認める〝度量〟を持つ

また、自分に理解できない価値観を持ち、自分に理解できない言動をする人を、とかく人は否定し、排除しようとします。しかし、それはエゴと紙一重です。

よくテレビなどで「今時の若者」という番組が放映されています。そのほとんどが若者の言葉や行動を批判し、「昔はこうじゃなかった」「日本の将来は暗い」「このままじゃ日本はダメになる」というたぐいのものです。

他人を否定するということは、「自分は正しい。だから相手が間違っている。自分は変わる必要はなく、相手が変わるべき」という排他的な自己中心思想そのものです。相手の価値観を受け入れられない心の狭さを現しています。

でも、否定された人は絶対に気分を害します。いくら言葉をつくろっても、能力や人格や存在価値までも否定された気分になります。不快な感情から自分を守るために、相手との間に心理的なバリアを作り、その人から離れていきます。

度量の大きい人は、相手の欠点を指摘せず、相手のよいところを見つけて「認める」ことができます。非常に難しいことではありますが、相手を否定せず、「なるほどそういう考え方もあるね」と、まずは相手を受け入れてあげることが大切です。

8　説得する時は「結論を先に言うな」

次に上手な「説得」の仕方について見ていきたいと思います。

優秀なビジネスパーソンの多くは、まず結論を先に言い、その後で理由を展開します。例えば、「結論から言うと、○○ということです。その理由は三つあります。まず一つ目は……」

なんていうふうに。多くの仕事術の本にも**「結論ファースト」**ということが言われています。上司への報告や業務連絡などは、短時間で要領よく、が求められますから、結論ファーストが基本なのは言うまでもありません。

しかし、これも**内容や伝える相手を見極めて使わなければ「諸刃の剣」**です。

僕の経験上、ネガティブなことを伝えなければならない時や、利害関係が相反する場合、結論による影響が大きい場合は、結論を先に言っては失敗します。

なぜなら、聞き手は結論を聞いて「えっ」と驚いてしまい、その先の理由を聞く前に、感情的に反発してしまうからです。そして、後から述べられるであろうその理由が、いかに説得力のあるものであっても、素直に受け入れることができなくなるのです。

特に「自分に負荷がかかる」とか、「自分が損する」という結論になると、経済合理的には正しくても、感情が受け入れることができません。

◆クライアントから〝集中砲火〟を浴びた苦い経験

コンサルタント時代、僕もそれでクライアントの関係者から集中砲火を浴びたことがあります。

クライアントの子会社の高コスト構造が改善されないので、「取引先を変えるべき」もしくは「他の子会社と統合してコスト構造を転換させるべき」という結論から入ってしまったのです。

プレゼンの場には、その子会社の社長や専務も来ていましたが、理由を説明する前に猛反発です。理由の納得性が高くても、相手はもう、振り上げたこぶしを引っ込めることができない状態になっていました。

◆〝ロジック〟ではなく〝ストーリー〟で人を動かす

組織は人によって形成され、人によって運営されています。そして**人の行動を最終的に決定づけるのは「経済合理性」ではなく「感情」**です。

「あっちの店の方が値段が安いけど、店員の対応がムカつく」ということで、値段が高くても別の店に行くのと同じです。

四方八方からファクトとデータで緻密に積み上げら

れた根拠、そこから導き出された隙のないロジカルな結論。コンサルタントから提出されたレポートは、確かに誰が見ても納得でき、反論の余地はない。でも、そんなコンサルタントのレポートがゴミと化している企業は山ほどあります。

現場の腹に落ちない提案は、どんなにすばらしくても実行されません。そして実行されない戦略など、まさに絵に描いたモチ。数千万円ものコストをかけても、そんなものです。結局、**ロジックだけでは人は動かせない**ということです。

第三者への説明や説得の場合には、むしろ根拠を集めて外堀から埋めていくのが得策でしょう。

「現在こういう状況である。考えられる対応策はこれこれである。それぞれのメリット・デメリットはこういうものがある。しかし我々の本当の目的はこの点である。だから、こういう施策を打っていく必要がある。そうするとこちらが犠牲になるが、この方法で多少は補える。よって、こういう対策を採るのが望ましい」という具合に、結論がスムーズに受け入れられるように**ストーリーを工夫する必要がある**のです。

9 できる人ほど〝上司をマネジメント〟している

会社での人間関係作りで最も重要なのは、同僚同士よりも、やはり上司と部下の関係です。部下のマネジメントに関しては、リーダーシップ論に代表されるように、数多くの提言がなされています。しかし、上司のマネジメントに関しては、あまり多くは語られていないのではないでしょうか。

創業社長でない限り、組織の中で仕事をする以上、必ず上司が存在します。しかも、僕たちの仕事や感情や将来までも左右されるほど影響力を持つのが上司です。

優秀な上司に恵まれれば、仕事のチャンスが広がり、自分自身も成長し、自己実現を図ることができます。それだけでなく、人間関係も円滑で、ストレスの少ない会社生活が送れます。

反対に、無能な上司や、浅はかで思慮のない上司にあたったらどうなるでしょう。どんなにあこがれた仕事や、めちゃくちゃ面白いはずの仕事もすべて台無しになってしまいます。顔も見たくないとか、ストレスで出社拒否症になりそう、という人もいるのではないでしょうか。

しかし上司と合わないからといって、ことあるごとにぶつかったり、距離を置いたりしても、チャンスは広がらないし、自分の心が消耗するだけです。あるいは転職して一時的に避けられたとしても、再び合わない上司に巡り合うと転職を繰り返すしかないという危険性をはらんでいます。

それよりも、どんな上司であってもストレスを少なくし、自分が成長できる環境を能動的に作っていく方が生産的です。それが**「いかに上司をマネジメントするか」**ということです。会社という組織の中で自分のやりたい仕事をモノにしていくためには、上司マネジメントは欠かせません。

10 あなたは上司を〝資源化〟できるか

サラリーマンであれば、会社というのは、ブランド・信用・資金・ノウハウ・取引先とのネットワーク、専門的な知識を持つ社員、機器や備品など、活用できる資源の宝庫です。そう考えると、**実は上司も資源の一つ**と言えます。

そもそも上司は自分よりも経験豊富で、知恵と知識をたくさん持っているはずです。そして上司は権力を持っている。そうした上司の力をうまく引き出せば、上司がとても心強いカードとなることは間違いありません。つまり上司をうまく使えなければ損というわけです。

僕自身、約十年間の会社員生活でいろいろな上司に巡り合い、一緒に仕事をしてきました。その経験から、僕なりの上司マネジメント方法をご紹介します。

◆〝上司の立場〟に理解を示せ

まず、上司に対する固定観念をとっぱらいましょう。

上司は上司にふさわしい人間のはずだと過剰な期待を抱いてはいけません。上司も人の子であり、欠点だらけです。間違った理解をし、間違った判断をし、間違った指示をすることだって往々にしてあります。

上司自身が経験したことのない難題にも日々取り組まなければならないわけですから、上司の指示にただ従うだけでは、時間と労力を費やしたけれど大して成果を上げられなかったということにもなりかねません。

だからこそ、**あなたが上司の弱点を補強し、上司の持っている資源をうまく引き出し、上司をコントロールしなければならない**のです。

また、上司の立場も慮《おもんばか》ってあげましょう。上司にもまた上司がいますから、あなた以上に理不尽な要求を突きつけられているかもしれません。成果に対するプレッシャーはあなたの比ではないかもしれません。職位が上がれば上がるほど、社内には気軽に相談できる人も少なくなり、孤独や孤立を感じながら、たいへんな思いで仕事をしているかもしれません。

上司だって部下が必要なのですから、あなたが大人になってあげて、余裕ある態度で接してみてください。

◆〝参謀役になれる部下〟ほど重用される

次に、上司を責める前に、自分が部下としてのミッションを果たしているか問うてみる必要があります。

僕たちはよく上司を指して、「あの人は全くリーダーシップってものがないんだよなあ」などと言いますが、では**「自分にはその上司に仕える部下としてのフォロワーシップってものはあるだろうか」**と問うてみてください。もしかしたらあなた自身が、上司がリーダーシップを発揮するブレーキになっているかもしれないのです。

ですから、**上司が高い評価を得られるようなサポートをする**のです。

例えば上司の立場であれば知っておかなければならない現場の情報や、クレームなどのマイナス情報、同業他社の動向、上司が出席する会議で必要となりそうなデータなどを前もって耳に入れておいてあげる。

あなたは普段、上司のことをよく観察し、性格もわかっているでしょうから、**自らが〝参謀〟になり、先回りしてフォローしてあげる**ようにするのです。

上司だって、よほどのへそまがりならともかく、大多数は部下とうまくやりながら仕事をこなしていきたい、と思っているはずですから。

11 ホウレンソウは〝先手必勝〟で

合わない上司とは、どうしても距離を置きがちになります。つまり、ホウレンソウ（報告・連絡・相談）を怠りがちになってしまうのですが、むしろ逆です。合わない上司にこそ、ホウレンソウをより密にすべきなのです。

上司への報告・連絡・相談、いわゆるホウレンソウは先手必勝であり、上司に言われる前に動くのが鉄則です。

あなたが上司の立場ならわかると思いますが、何事につけても報告が遅い人というのは、本当に大丈夫なんだろうかと不安になりますし、自分が軽く見られているという気持ちにもなります。だからこそ余計に心も離れ、何かあるたびに感情的にぶつかってしまうのです。

逆に、小まめに報告してくれる部下というのは、状況が把握できるので非常に安心感がありますし、自分に敬意を持ってくれているという気持ちになります。適宜の報告や連絡は上司から信頼されるのです。

◆プレゼン資料を放り投げられ、罵声を浴びせられ続けた僕は——

僕がコンサルティングファームに入社して初めて一緒に仕事をした上司は、頭の回転がものすごく速く、全体俯瞰力もプロジェクトマネジメント力も高い、非常に優秀なマネジャーでした。しかし反面、社内でも有名な、非常に厳しい人でもありました。

彼とのミーティングは、クライアントへの報告会よりも緊張する、まさに恐怖の時間でした。作ったプレゼン資料はバッサリと放り投げられ、毎日罵声を浴びせられ続けるという日々でした。

「全然ダメだ！　何やってんの？」「ロジックが飛躍し過ぎ！　こんなんじゃ全然わからない！」「他にも選択

肢があるはずだろう！　思考が浅いんだよ！」「あれこれ書いてるけど、結局何が言いたいんだ？」……ミーティングのたびに怒鳴られていました。

「このままじゃクビになるかも……」

僕は本当にそう思いました。なんとか打開策を考えなければ……。そして僕はこう考えたのです。

「上司は上司でイメージしているものがあるようだ。それなのに、いきなり自分の結論を持っていくから、乖離度が大きくなるのだろう。途中のロジックが見えないから不安になるのだろう」

そこで僕は、徹底的にホウレンソウを行ない、プロセスやロジックが上司によく見えるようにしました。

もちろん、小さなことで相談すると、「そんなこと自分で考えろ」となるので、徹底的な準備が必要です。**判断を仰ぐべき選択肢をあらかじめ用意し、それぞれのポイントを明確に**しておきます。そして「自分ではこう考えているが、こういうことも起こりうるので迷っている」と、重要な分岐点ではすべて相談に行きました。

そうすると、「お前は本当にバカだな〜」などと言いつつ、適切な助言をしてくれました。過去に彼が携わったプロジェクトの資料を引っ張り出して、「この切り口を参考にして図を作ってみな」とアドバイスをくれます。

ミーティングは一日もしくは二日に一回でしたが、僕は一日に五回以上は彼のブース（コンサルタントは半個室風に区切られた自分のブースを持っています）に行き、助言をもらうようにしました。後はそれをチャートに落としてミーティングに臨むだけなので、ほとんど怒鳴られなくなりましたし、意見の対立もほとんどなくなりました。

また、相談の際に、今日やったこと、今日得られた成果、明日の予定などを毎日話すようにしたところ、「なるほど、もしかしたらこういう原因もあるんじゃないか？　明日はこういった視点で調べてみたら？」と親身な態度に変わっていったのです。

自分の意見を持たず、単に「どうしましょうか？」と持って行ったのでは、「だから、何？　お前は頭を使っているのか！」と怒鳴られるだけです。だから、自分の意見を持った上で、相談に行く、上司の質問を想定して落としどころをイメージしてから報告する、ということも必要です。

◆〝あいつは必ず手土産を持って帰ってくる〟と言われる人材になれ

乗っている電車が急停車して動かなくなったとします。こんな時に乗客がイライラするのは、何も情報がない時です。しかし、「前の電車で急病人が発生したため、少々停車しております。三分少々で発車できる見込みです」というアナウンスがあれば、見通しがわかるのでイライラも収まります。同様に、上司は情報がないのを不安に感じ、イライラしますから、随時情報を提供することが大切です。

また、外出して戻ってきても、何の報告もせずに自分の席に着いて仕事を始めてしまう、というのもよくありません。帰ってきたらすぐに上司のところへ行って「今日はこれこれこういう収穫がありました。詳細は後ほどご報告します」と言う習慣をつければ、「あいつは必ず手土産を持って帰ってくる」と信頼感が増します。

進捗報告は、短く頻繁に、が原則です。例えば、廊下ですれ違う時とか、エレベーターの中で会った時とか、昼食を一緒にとった時とかに、「例の件、順調です」とか「今、七割の出来です。明日午後イチで一度相談します」というふうに。そうすると、上司もドライブ感というか、仕事をハンドリングできている感触を持てて安心するのです。

仮に上司との相性が合わなくても、業務のホウレンソウは仕事の上での信頼関係を強固にします。やがてその信頼関係は、感情的なわだかまり(生理的に受けつけないなどというのは除いて)も薄れさせてくれるでしょう。

12　大胆なチャレンジができる〝味方〟を作る

一般に上司は選べないと言われますが、こちらから能動的に働きかけることによって、よい巡り合わせを作ることは可能です。一緒に働きたい上司が決まっていればダイレクトに伝えることも可能ですが、組織の中でそれを大っぴらにするのは、今の上司が不愉快な思いをしますから、避けた方がよいでしょう。

しかし、普段から自分の仕事に対する価値観やスタンスを発信、アピールし、社内で「あいつは、ああいう志向の人間らしい」という評判が立てば、人事異動の時に、一緒に働きたいと思っている上司に「あいつは自分と価値観が合うな」と思われ、引き抜いてもらえる可能性も出てきます。

だから、「僕はとにかく行動してみよう派だからさ」「ＦＡＣＴ（事実）と意見を区別することにいつも注意してるんだ」「私の信条は、『批判するなら代案を出せ』よ」「『まず相手の話を聞く』というのが私のスタンス」などという発言を普段からあちこちで繰り返してください。

人事部がすべての人事異動権を握っている場合でも、人事担当者にあなたの評判が伝われば、上司と部下の巡り合わせという偶然だって引き寄せることができるのです。

もう一つ、上層部の誰かを味方につけられないか、役員連中を見渡してみてください。もちろん社長ならベストですが、そうでなくても、イキのいい若者の面倒を見るのが好きという人が一人や二人はいるのではないでしょうか。そういう人を味方につけたら、大胆なチャレンジができるようになります。

『Ｘファイル』というアメリカのテレビ番組をご存じでしょうか。ＦＢＩ捜査官のモルダー（主人公）の上司、スキナーは、彼の味方です。そして顔も名前も出ませんが、政府高官にもモルダーの反骨精神に期待し、彼がピンチの時には助けてくれる人物がいるのです。そのおかげで、普通ならとっくにＦＢＩをクビになっているはずのモルダーが、真実を追い求め、政府が隠蔽したいトップシークレットにも捜査のメスを入れられるのです。

実際にも、例えばプレイステーションの生みの親であり、ソニー・コンピュータエンタテインメントの名誉会長である久夛良木《くたらぎ》健氏や、ＮＴＴドコモでｉモードを仕掛けた松永真理氏には、クレイジーなクリエイター（僕流の褒め言葉です。念のため）である彼らを陰で支えた、辛抱強い上層部の存在があったのです。

そういう人が味方にいれば、理屈じゃなく決断しなければならない、そういう大きな分岐点に立った時に、保守派の反発を押し切って無茶ができるのです。

◆〝社内のパワーバランス〟を慎重に見極めよ

若くて優秀でエネルギーのある人材が、上層部の後ろ盾を必要としているように、実は上層部もそういう若手を必要としていることも多いのです。彼ら上層部は会社への思いが強く、今のままではいけないと感じています。改革を起こし社風に風穴を開けてくれるような、賢く情熱にあふれ、反骨精神が旺盛な若者を必要としているのです。

では、そんな後ろ盾になってくれそうな人物をどうやって見つけるのか？　もちろん社長であれば望ましいですが、経営トップは様々なしがらみとプレッシャーにさらされているので、そんな無茶はなかなかできません。

そこで、まずは**社内のパワーバランスを観察**してみてください。

僕の経験では、会長や相談役が狙い目です。彼らは第一線から退き退屈しています。

それから、昔は実力者として活躍したが、いろいろな理由があって今は閑職に追いやられている人。そういう人は客観的に会社の問題点を認識していますから。

また、経営トップや株主から改革へのプレッシャーを強くかけられている人。彼らは何とかして会社を変革しなければと、できる人材とアイデアを探していますから。

次に彼らをどうやって味方につけるのか？

一つの方法は、居酒屋に誘って、**「相談がある」という口実で仕事の基本を教わる**ことです。彼らの成功の秘訣を聞き、彼らの武勇伝を披露してもらいましょう。彼らは実力も意欲もあるから役職者になったわけですから、必ず自慢できる成功体験を持っており、若者たちに伝えたいと思っているはずです。それに自分はまだまだ用済みではないと思っているはずです。

彼らは個性が強く、つきあうのは気苦労も多いでしょう。また、くれぐれも派閥に巻き込まれてはいけません。

でも、上層部を味方につけられると社内でできることの幅が広がりますし、気に入られれば彼らの人脈との接点も増えるでしょう。彼らに勝る人脈の宝庫はありませんから、ぜひ近づいてみてください。

13 〝目標〟は「通過点」の一つにすぎない！

コミュニケーションの章の最後に、少し話が飛躍しますが、「自分が成長し続けること」と「社会と関わりを持ち、感謝されるような価値を提供すること」について書きたいと思います。

マスコミから取材を受けたり、顧客と雑談したりしている時に、僕自身の将来の夢やゴールについて聞かれることがあります。さぞかし明確な目標をきっちりと立てて、それに向かって邁進しているんでしょう、と言われるのですが、実は僕には人生の最終目標なんてものはありません。

十年後、二十年後の目標を設定することが大事だとよく言われますが、そんな先のことなんてわからないですし、ゴールなんていうものは、実は存在しないのではないかと思います。

もちろん、試験に合格する、転職する、独立起業する、年収一億円を突破する、など小刻みな目標や人生の節目となる目標はありますし、それは具体的で明確であればあるほどいい。しかしそれだって、最終目標ではなく通過点にすぎず、むしろ新たなスタートのはずです。僕自身、独立起業は一つの目標でしたが、それは楽しくも困難な道のりのスタートでしたから。

イチローの小学校時代の夢はプロ野球選手になることだったそうですが、彼の活躍を見てもわかる通り、実際にはプロになって終わりではありません。成果を出し続けなければプロ選手ではいられませんし、「メジャーリーグに行く」というのが夢だとしても、それはまた新たな出発点です。

「起業して上場する」というのが目標だとしても、さらに会社を成長させていくことが求められますから、やはり通過点にしかすぎません。

そう考えるようになったのは、僕は結局、社会の価値観に染まり「優秀なビジネスパーソンになる」「投資で儲ける」「起業して好きなことをやる」という陳腐な目標に囚われていたにすぎなかったからです。他人の目を意識した目標では、達成しても常に満たされない自分がいることに気づいたからです。

大学を卒業したばかりで自信がなかった僕は、「米国公認会計士の資格をとりさえすれば、自信がついて心に余裕ができる。人からも尊敬されるはずだ」と思っていましたが、試験に合格しても、仕事の実力が上がるわけではないので、そんな自信も余裕もできませんでした。「世界的な戦略コンサルファームに入社できるほどの人材になれば、一流のビジネスパーソンの一人として、他の人より優位に立てる」などと思っていましたが、とんでもなく優秀な人がうなるほどいる世界なので、そういう気持ちにはなりませんでした。

年収が数千万円あれば、投資して数億円作れれば、リタイヤでもしてのんびりとした生活ができるはず、と思っていましたが、そうはなりませんでした。もちろん僕の世界は変わり、リタイヤできなくもありませんが、逆にもっと仕事に邁進して、世の中に貢献したいと思うようになりました。

結局、アーリーリタイヤなど幻想でした。リタイヤほど僕にとって無味乾燥な生き方はないと気づいたのです。**社会との関わりを持たず、人に感謝されない人生など、僕にとっては全く無意味です。**お金持ちになったり有名になったりしたとしても、愛し愛される恋人や家族や友人がいなければ、そんなの成功でも何でもないような気がしています。

成功とは、自分の基準で自分自身が満足していると実感できることなのではないでしょうか。結局、他人が見て「あの人は成功者だ。うらやましい」などというのは、表層的なものにすぎないのです。

だからというと、ちょっと論理の飛躍があるのですが、節目節目となる目標は徹底的に明確にするけれども、人生の最終目標などは「あいまい」でいいのではないかと思っています。

14 〝成長し続ける自分〟を楽しむこと

人は成長します。自分も変化するし、外部環境も変わっていきます。技術が進化したり、自分の能力が高まったりすれば、できることの幅も広がり、面白く感じることも変わります。いろいろな経験をして、いろいろな人と触れ合えば、やりたいことも変わってくるのが当然です。

選ぶ道は常に複数開けているし、方向転換は何歳になってもできるものです。

ですから、「一度決めた夢や目標は絶対に達成しなければならない」、などと縛られるのではなく、もっと柔軟に今を楽しむようにすることが大事なのではないでしょうか。

もちろん、夢や目標は大事ですし、今に流され「木を見て森を見ず」になってはいけないですが、森を見すぎるあまり、足元の根っこにつまずいてもいけませんから。

目の前の仕事に全力で取り組む、目の前の人を幸せにする、世の中に価値を提供する、そういうプロセスだとか、そういうことの積み重ねを大事にすれば、それは自然に充実した人生になりそうな気がしています。

だから僕は常に**「自分の可能性が広がること」「面白いと思えること」「人に喜んでもらえること」**という価値観で行動しています。

他人と比較した目標を立てても、結局心は豊かになれないのだと思います。僕が自分自身のブランドを確立することに意識を転換したのも、自分の価値観を大事にしながら、人の役に立って感謝されたいと考えたからです。

Chapter 7

稼ぐ人の「人生戦略」ノート

Q.1 あなたの「コミュニケーション上の課題」を10個書き出してください

例）新しい人と出会おうとしていないこと

◆

◆

◆

◆

◆

◆

◆

◆

◆

◆

Q.2

コミュニケーション上の課題に対する「今日からできる」具体的な「解決策」をあげてください

例)「私はこういうことに興味がある」と周囲に発信する

Q.3

あなたが習慣にしたい「コミュニケーションルール」を10個書き出してください

例) 人に接するときは常に笑顔！

◆

◆

◆

◆

◆

◆

◆

◆

◆

◆

気づきノート

読みながらピカッとひらめいたこと、自分はこうしてみようと
思いついたことを、忘れないうちに書きとめておきましょう！

終わりに――「自分の価値」を高め納得のいくキャリアを築いていくために

今から二十五年ほど前、僕がちょうど大学生の頃ですから、バブル末期だったでしょうか。その頃から「個の時代」という言葉を耳にするようになりました。ただ、その時はまだ、僕たち一般人は、今ほど数多くの選択肢に恵まれてはいなかったように思います。

しかし、多様な生き方が容認されるようになった今、まさに「個の時代」が到来したと感じます。自分ブランドをベースとしたキャリア形成の道を歩き始めた人にとっては、限りなく自由を手に入れやすい世の中になっていると言えます。

僕が本書を通じて特に主張したいのは、**他人の価値基準に振り回されるのではなく、自分の頭で考え、自分の価値観で進んでいこう**ということです。そして自分の価値観とは、何かに一生懸命に取り組んでこそ見えてくるものだ、ということです。

多岐にわたるテーマで、プロフェッショナル・キャリアとは何か、自分ブランドを形成することの重要性について書いてきました。本書で書いてきたことは、僕自身が経験したことはもちろん、今まで出会った数多くのプロフェッショナル・ビジネスパーソンとの出会いの中から得たことを、自分なりに消化してまとめたものです。

もちろん僕自身もすべて完璧にできているかというと、全くそんなことはありません。そういう意味では、本書は僕自身が取り組むべき課題集なのかもしれません。

僕たちは〝株式会社ジブン〟の代表取締役社長として、世の中と関わりつつ、自分の商品価値を高めていく必要があります。そうして他人とは違う価値を出していかなければ、スーパーの特売のティッシュペーパーのように安く使われ、自分の意思で選択する自由が制限されてしまいかねません。

人生は一度しかないのに、ですよ！

とは言っても、「自分のキャリアを築いていくこと」が企業経営と異なるのは、キャリアには勝ちとか負けとか、アップとかダウンとかいうものはなく、自分自身が幸せと感じるかどうかが、重要な視点になるということです。

また、キャリアとは生き方そのものですから、「どんな仕事がいいか」の前に、「どんな生き方をしたいか」がなければ、キャリアの選択などできるはずはありません。そして当然ながら、百人いれば百のキャリアがあり、百通りの人生になります。

ですから、本書は一つの考え方、一つの事例にすぎません。本書の内容が万人に当てはまるとか、すべての場面で正しいということもありません。例えば幕末の時代、幕臣と維新志士たち双方が己の正義を信じて戦ったように、立場や状況によって、正義も真実も変わってしまうものです。

キャリア形成も同様に、自分の置かれた状況や性格、目指す方向によって取りうる方法は異なります。ですから、読書や各種セミナーなどで学んだ後は、その知識や考え方を自分が使いこなせるよう、チューニングするという工夫も必要です。

無批判に受け入れるのでもなく、単に反発するのでもなく、自分にとってどういう意味合いがあるのかを考えるきっかけ、気づき、ヒントになれば、著者として大変うれしく思います。

午堂　登紀雄

著者略歴

午堂 登紀雄（ごどう・ときお）

1971年岡山県生まれ。中央大学経済学部卒。米国公認会計士。大学卒業後、東京都内の会計事務所にて企業の税務・会計支援業務に従事。大手流通企業のマーケティング部門を経て、世界的な戦略系経営コンサルティングファームであるアーサー・D・リトルで経営コンサルタントとして活躍。IT・情報通信・流通・　金融をはじめとした国内外の大手企業に対する経営課題の解決や事業戦略の提案、M &A、企業再生支援など、数多くの案件を手がける。

2006年、株式会社プレミアム・インベストメント&パートナーズを設立。現在は不動産投資コンサルティングを手がけるかたわら、資産運用やビジネススキルに関するセミナー、講演で活躍。また、キャリアプランやビジネススキルアップに関する講演、企業研修、執筆等も精力的に行なっている。

『年収1億の勉強法 年収300万の勉強法』『仕事が速いお金持ち 仕事が遅い貧乏人』（学研プラス）『資産5億円を築いた私のお金が増える健康習慣』（アスペクト）など著書多数。

※本書は、2007年に発行された『30代で差をつける「人生戦略」ノート』（三笠書房）を再編集した内容になります。

年収1億稼ぐ 人生戦略ガイド

2017年12月25日　初刷発行
2020年3月6日　二刷発行

著者　午堂登紀雄

表紙デザイン　WORKS 若菜 啓

発行者　松本善裕
発行所　株式会社パンダ・パブリッシング
〒111-0053　東京都台東区浅草橋5-8-11　大富ビル2F
http://panda-publishing.co.jp/
電話 03-6869-1318
info@panda-publishing.co.jp
印刷・製本　株式会社ちょこっと